Phil Bosmans

Kleines Buch vom guten Gott

Aus dem Niederländischen
von Ulrich Schütz

HERDER

FREIBURG · BASEL · WIEN

Bund ohne Namen

von Phil Bosmans gegründet
für mehr Herz in dieser Welt
www.bund-ohne-namen.de

Phil Bosmans gründete den „Bund ohne Namen", der sich in
vielen Ländern menschlich und sozial engagiert. Er lebt heute
im kleinen Kloster der Montfortaner in der Nähe von Antwer-
pen. Seine Bücher haben weltweit eine geschätzte Gesamt-
auflage von über neun Millionen.

Inhalt

Einladung

Dieses Buch bringt keine hochwissenschaft-
lichen Erörterungen über das Gottesproblem
der Gegenwart. Es versucht, in einer verständ-
lichen Sprache einige Gedanken und Empfin-
dungen und das Echo von Erfahrungen wie-
derzugeben über eine Wirklichkeit, die für
unsere Welt etwas Fremdes geworden ist und
die ich Gott nenne.

Ich kann nicht alles in Worte fassen. Es
geht mir nicht um eine Lehre, nicht um Lehrsätze. Ich möchte mit dir über eine Wahrheit
reden, die Liebe ist. Ich möchte dich in Kontakt mit dem Leben bringen, mit der Quelle
allen Lebens. Wie lebendiges Wasser strömen
aus ihr Licht und Liebe zum Glück des Menschen. Um den Weg zur Quelle mitzugehen,
muss man nicht studiert haben, braucht man
nicht gebildet und nicht reich zu sein. Was ich
zu sagen habe, ist für viele nicht neu.

Dies ist kein Roman, den man in einem Atem durchliest. Nimm dir ruhig Zeit. Bei allem, was du hier liest, sei dir bewusst, dass mein Wort dir nichts aufzwingen will. Es möchte ein Angebot und eine Einladung sein. Worte können Wege öffnen zu neuen Wirklichkeiten, die nicht in Worte zu fassen sind. Du begegnest ihnen, wenn Stille dich umgibt, wenn die Stille so stark wird, dass du hörst, wie das Wasser tief in der Quelle anfängt zu sprechen.

Phil Bosmans

1

Der Weg des Herzens

Gott ist die große Lebensfrage,
auf die allein
das Herz
eine Antwort weiß.

Von Gott hat man keine verstandesmäßige Erfahrung, so wie man von Liebe keine verstandesmäßige Erfahrung haben kann. Darum ist es sehr schwierig, Gott und Liebe mit dem Verstand zu erklären. Das wissen Dichter und Heilige schon längst.

Was ich nicht glauben kann

Ich glaube nicht an einen Gott von Diktatoren, von Mächtigen und Reichen, an einen Gott, der mit Gewalt die Ordnung aufrechterhält, den Kleinen Angst einjagt und die Waffen segnet.

Ich glaube nicht an einen Gott als Totempfahl für Primitive und Ungebildete. Ich glaube nicht an einen aus der Not geborenen Gott, an ein Betäubungsmittel, wenn das Leben unerträglich wird, an eine Rettungsinsel, wenn man den Boden unter den Füßen verliert und sich an keinen Menschen mehr halten kann, an ein Allheilmittel, um die Löcher unserer Ohnmacht zu stopfen.

Ich glaube nicht an einen Gott, der mit dem Stock hinter der Tür steht, an einen Gott, der die Menschen in ihren Möglichkeiten bremst, an einen Schiedsrichter, der nur die Fehler pfeift, an einen obersten Sittenrichter, an einen hässlichen Gott.

Ich glaube nicht an einen Gott, der un-
nahbar ist, an ein Überwesen, fern, kalt und
unbewegt. Ich glaube nicht an einen Gott von
Philosophen und Ideologen, abstrakt und unverständlich.

Ich bin ein Ungläubiger.

Wenn ich sehe,
wie Gott aufscheint
im letzten Warum,
verändert sich alles.
Alles erhält Sinn und Farbe.
Alles findet zusammen
über die tiefsten Abgründe,
über die höchsten Berge,
über alle Meere,
durch den unermesslichen Raum,
bis an die Grenzen des Alls.

Gott, wo wohnst du?

Die Menschen, ob sie glauben oder nicht glauben, haben es schwer mit dir. Die Menschen sind ganz schön weit gegangen, Lichtjahre weit. Sie suchten nach den Grenzen des Weltalls, und nirgendwo haben sie dich gefunden. Mit Teleskop und Raumsonde blickten sie unvorstellbar weit in den Kosmos hinein, und nirgendwo haben sie dich gesehen.

Gott, wo bist du? Die wissenschaftliche Entwicklung hat eine Menge Bilder von dir aufgelöst und viele Geheimnisse aufgeklärt. Gott, bald ist keiner mehr da, der nach dir fragt, keiner, der sich für dich interessiert.

Vielleicht kommt eine Zeit, in der der Mensch auf seinem suchenden Weg verwiesen wird an den Zentralcomputer, der ausgerüstet ist mit allem verfügbaren Wissen. Dann werden die Fragen wohl mehr denn je Sinnfragen sein, die der materielle Fortschritt nicht beantworten kann. Hoffentlich wird dann der Mensch wieder anklopfen bei den alten Philosophen und den großen Mystikern. Es sei denn, es wären nur die Fragen erlaubt, die der Computer beantworten kann, und alle Fragen nach Sinn und dem Geheimnis wären verboten, weil der Zentralcomputer sonst sprachlos würde.

Der Mensch ist und bleibt ein Sucher, aber meistens wagt er nicht, weit genug zu gehen.

Unser Herz weiß um Gott.
Bevor sich Gott
unserem Verstand offenbart,
ist das Herz ihm längst begegnet.

Eine Welt ohne Gott

Eine fremde Welt. Eine Welt wie ein Warenhaus, wo mit Geld alles zu kaufen ist, das Glück zum Preis eines Schaumbads, ein Zuhause aus zweiter Hand vom Antiquitätenhändler und das Paradies durch eine Reise nach Mallorca.

Der Weltraum wird militärisches Aufmarschgebiet, und die natürlichen Lebensvorräte drohen von einer einzigen Generation verbraucht zu werden. Wissenschaft und Technik hoben den Westen hoch hinaus über alle Welt und griffen nach den Sternen, aber sie waren nicht fähig, Menschen auf der Erde glücklich zu machen.

Die Welt von morgen mit ihren komplizierten, ausgeklügelten, gewaltigen Gebilden droht das Resultat von Wesen zu werden, denen das nötige Wissen zur Verfügung steht, denen aber die „Kultur des Herzens" fehlt und die in ihrem Innersten auf der Stufe von

Steinzeitmenschen stehen geblieben sind. Unsere Weltanschauung stirbt in einem Fortschritt, der die Menschen unfrei macht und sie durchprogrammiert von der Wiege bis zum Grabe. Geborenwerden und Sterben sind in den Zugriff der Technologie geraten, die keine Ahnung hat vom Geheimnis der Menschen.

Menschen haben den Kontakt verloren mit der Natur, mit ihrer eigenen Natur, mit ihrer eigenen inneren Tiefe. Menschen sind krank durch eine kranke Lebensweise, krank durch einen zerbrochenen Lebensrhythmus, krank durch eine verschmutzte Natur, krank durch eine unnatürliche Nahrung, krank durch eine Überbewertung von Scheinwerten, krank durch eine kranke Gesellschaft.

Das Heimweh nach dem
verlorenen Paradies
ist dem Menschen ins Herz geschrieben.

Auf dem Weg zum Heimathafen

Menschen sind ihr Leben lang sind auf der Suche nach Wärme, nach Liebe und ein bisschen Glück. Auf der Suche nach einem Zuhause. Auf der Suche nach einem, der sie gern hat, bei dem sie sich sicher fühlen, bei dem sie Geborgenheit finden.

Menschen suchen ihr Leben lang auf vielen Wegen, Umwegen und Irrwegen einen festen Ort, einen Heimathafen, einen Tisch und Brot und Wein, ein Herz und eine sanfte Hand, eine stille Gegenwart, die bleibt, auch wenn die Worte verstummen. Aber das Leben lehrt, dass Menschen für Menschen nur Zwischenhäfen sind, ein Anlageplatz auf Zeit, wie schön er auch sein mag. Menschen suchen, bewusst oder unbewusst, den großen Strom, der sie hinträgt ans andere Ufer, in den endgültigen Hafen, wo sie für immer geborgen sind. In den Hafen voller Licht und Liebe, den ich Gott nenne.

Gott, ich habe Angst
um deinen Namen

Du hast viele Namen.
Es gibt keinen einzigen Namen,
der das Geheimnis deines „Seins" umschließt.

Gott, sie haben deinen Namen missbraucht,
sie haben dich in eine Doktrin gefasst,
in ein kompliziertes Begriffsnetz gezwängt.
Sie haben dir einen kalten Panzer angezogen
und ein Schwert in die Hand gedrückt,
um mit deinem Namen ihre Frevel zu decken.
Menschen meinten,
mit deinem Namen einen Freibrief
für die schlimmsten Dinge zu haben.
Im Laufe von Jahrhunderten haben sie
deinen Namen besudelt und
für ihre Mitmenschen
zu einem Fluch gemacht.
Menschen haben deinen Namen gefüllt
mit ihren Verbrechen.

Sie haben deinen Namen geschrieben
mit dem Blut und den Tränen
von Unschuldigen und Wehrlosen.
Mit deinem Namen in der Hand
haben Menschen von Generation zu
Generation Menschen erniedrigt,
verfolgt und ermordet.

Gott, dein Name
ist unverständlich geworden.
Ich fürchte, viele wollen deinen Namen
nicht mehr hören.

Gott, es gibt keine Sprache,
es gibt kein Zeichen,
es gibt keine Wörter und Bilder.

Gott, du bist der Unsagbare,
du bist der Unaussprechliche.

Sehnsucht nach einer neuen Sprache

Wörter werden Phrasen, wenn wir Gott als ein Wundermittel gebrauchen, verbrauchen und verkaufen wollen, das man täglich gegen alle Beschwerden einzunehmen hat. Wörter verlieren ihre Aussagekraft, wenn sie mehr sein wollen als ein Aufruf und eine Einladung, Gott näher zu kommen.

Die Wörter, Bilder und Begriffe, mit denen wir Gott näherkommen wollen, bleiben unzureichend. Sie sind Kinder einer bestimmten Kultur und einer bestimmten Zeit. Die Gebrechlichkeit unseres Ausdrucksvermögens lässt uns sehnsüchtig Ausschau halten nach einer mystischen Sprache, nach einer Sprache weit über Wörter und Begriffe hinaus. Bis jenseits der Grenzen von allem, was sichtbar und greifbar ist.

Ich weiß: Man kann Gott totschweigen. Aber ich weiß auch: Man kann Gott totreden.

Ich sitze da mit tausend Fragen

Ich kann nicht glauben an das Nichts, an das „Sein" ohne „Sinn", an die absolute Leere.

Ich kann nicht glauben, dass das Leben ein Fluch ist, der durch alle Zeiten hindurch Millionen von Menschen heimsucht.

Ich kann nicht glauben, dass das Recht des Stärkeren niemals gebrochen wird und dass die Schwachen und die Armen ewig die Opfer sind.

Ich kann nicht glauben, dass so viele unschuldige Menschen im Laufe der Geschichte so entsetzlich gefoltert und umgebracht wurden und ihre einzige Aussicht wäre eine unendlich lange schwarze Nacht. Dagegen sträubt sich mein ganzes Wesen. Das ist für Geist und Herz unannehmbar, unerträglich.

Ich kann nicht annehmen, dass die Wirklichkeit vollständig erfasst ist, wenn die Wissenschaft sie festgestellt, analysiert und beschrieben hat. Sie ist viel mehr.

Ich nehme an, dass das Unsichtbare unendlich viel größer ist als das Sichtbare. Ich
bin sicher, dass im Kern der unsichtbaren
Welt, ohne die Grenzen von Raum und Zeit,
ein Wesen gegenwärtig ist, das die sichtbare
Welt mit unsichtbaren Fingern bewegt.

Die unsichtbare Wirklichkeit
ist viel fesselnder
als die sichtbare.
Mit dem berechnenden Verstand
kann man sie nicht wahrnehmen.
Dafür gibt es die Augen des Herzens.

Ein Grashalm

Ich habe die Menschen der Wissenschaft
und Technik gebeten,
mir einen Grashalm zu machen.
Und sie machten einen Grashalm.
Er sah so aus wie ein echter Grashalm,
so grün, so dünn und so biegsam.
Als ich ihn näher anschaute,
sah ich, dass er tot war.
Er konnte nicht atmen.
Er konnte nicht wachsen.
Er konnte nicht leben und nicht sterben.
Eigentlich hatte er nichts
von einem echten Grashalm, nur den Namen.
Keine Kuh und nicht einmal eine Ziege
konnte ihn fressen und Milch daraus machen.
Ich hörte, wie alle Grashalme der Welt
über den Grashalm der Menschen lachten:
Die großen Menschen können mit ihrer
ganzen Wissenschaft und Technik nicht einmal
einen kleinen Grashalm machen.

Der Weg der Erfahrung

In unseren Tagen wird sich die Wissenschaft ihrer Grenzen mehr und mehr bewusst. Es stellt sich immer deutlicher heraus, dass sie nicht in der Lage ist, ein zutreffendes Bild von der ganzen Wirklichkeit zu geben. Die Wirklichkeit von Mensch und Welt erscheint unendlich viel komplizierter und geheimnisvoller, als die wissenschaftlichen Theorien bisher angenommen haben. Und dabei sind heute die Ergebnisse der Wissenschaft so umfangreich und so vielfältig auf unvorstellbar vielen Gebieten, dass kein menschliches Gehirn mehr imstande ist, alles aufzunehmen und zu erfassen.

Die Wissenschaft gibt nicht die Antwort, die wir auf unsere Fragen suchen. Solange man nur mit dem Verstand auf Gott zugehen will, bleibt man an der Außenseite, kann man Gott nicht erkennen. Es geht nicht um vieles Wissen. Es geht um Einsicht.

Nicht um die Einsicht, die man durch vieles Studieren bekommt, sondern um jene Einsicht, die langsam wächst, wenn wir uns, hingerissen vom Wunder des Lebens, in Vertrauen, Einfachheit und Liebe unbekannten Kräften überlassen. Es geht um eine tiefe Erfahrung, die dem Verstand nicht entgegensteht, sondern über das verstandesmäßige Denken hinausgeht. Um die Erfahrung einer intensiven Liebe, die aus der Schöpfung auf uns zukommt. Um die Erfahrung, sich geliebt zu wissen von einem Wesen, das sich uns allmählich offenbart, das sich uns langsam und immer mehr zu erkennen gibt in dem Maße, als wir uns selbst loslassen und in Liebe hingeben.

Ich verstehe Menschen,
die nicht glauben

Ich habe Freunde, die bewusst nicht glauben und sehr gute Menschen sind. Sie haben nachgedacht. Sie bringen ernsthafte Gründe vor, warum sie nicht glauben. Sie können das Gottesbild nicht annehmen, das ihnen vorgehalten wurde. Sie können das Leid, das Elend und soviel Böses in der Welt nicht vereinen mit dem Glauben an einen guten, liebevollen Gott. Manche meinen, dass der Glaube an Gott der Freiheit des Menschen im Wege steht und darum die menschliche Entwicklung verhindert.

Alle Achtung und Anerkennung vor diesen guten, nichtglaubenden Menschen, die für das große Geheimnis des menschlichen Lebens geöffnet sind und sich bewegen im Kraftfeld einer großen Liebe zu den Menschen. Gottes Geist weht, wo er will!

Glaubende und Nichtglaubende sollten viel Verständnis füreinander haben. Ob sie glauben oder nicht glauben, sie sind alle Menschen, kleine Menschen auf einem kleinen Planeten, in einem Dorf, das Erde heißt. Was sie auch glauben, sie essen das gleiche Brot und atmen die gleiche Luft. Sie gehen durch die gleiche Sonne und den gleichen Regen, und wenn sie verliebt sind, werden sie ebenso blind. Sie gehen die gleichen Wege und plagen sich meistens mit denselben Fragen.

Wenn sie einander auf Kreuzungen begegnen, sollten sie sich den Weg nicht streitig machen, sondern offen füreinander sein. Sie sollten Freundschaft schließen und sich gegenseitig „Gute Reise" wünschen und gemeinsam auf der Suche bleiben nach dem geheimen, tiefen Sinn von allem, was lebt und atmet. Glaubende und Nichtglaubende stehen dichter beieinander, als sie denken. Religiöser Fanatismus: unter allen Fanatismen der fanatischste und der gottloseste.

Der Glaube der Einfachen

In allen Weltreligionen gibt es eine Menge von einfachen Menschen, die ihren Glauben auf ganz einfache Weise zum Ausdruck bringen. Durch viele Riten und Gebräuche suchen sie Verbindung mit einem Wesen, das größer ist als sie selbst. Sie zünden Kerzen an. Sie küssen Hände und Füße von Figuren, sie streicheln Bilder, sie verrichten Gebärden, verneigen sich und knien nieder.

Sag nicht zu schnell: „Das ist bloß Aberglaube." Es ist ihre Art und Weise, sich auszudrücken, ihre Art und Weise, Gott zu suchen. Vielleicht fühlen sie tiefer, vertrauen sie stärker auf die unsichtbare Wirklichkeit, die sie durch sichtbare Zeichen hindurch erreichen wollen. Sie sind auf dem Weg. Gott lässt sie kommen. Gott nimmt sie auf. Bei ihm werden sie die Ersten sein, weil sie in dieser Welt immer die Letzten waren.

Der große Zusammenklang

Gott ist nicht der gute Mensch, aber in jedem guten Menschen kommt Er auf uns zu. Gott ist nicht die Blume, aber in jeder Blume ist Er vorübergegangen.

In allem, was lebt, hat Gott eine Spur seiner Liebe hinterlassen. In jedem Grashalm entdecke ich seine Signatur. Gott ist der tiefere Zusammenhang von allem, was existiert, von allem, was es im ganzen Kosmos gibt.

Alles ist miteinander verbunden. Ein wunderbares Gewebe. Tausende von feinen lebendigen Fäden verbinden Menschen mit Menschen und mit der ganzen Natur, mit den Wolken hoch am Himmel und mit dem Wasser in den Flüssen, mit den Vögeln in der Luft, mit den Fischen im Meer, den Tieren auf dem Land, mit Blumen und Bäumen, mit den bunten Schmetterlingen, den kleinen Käfern bis hin zu den Millionen von beinahe unsichtbaren Lebewesen über und unter der Erde.

Gott ist auf geheimnisvolle Weise anwesend, gegenwärtig im Wesen dieses wunderbaren Gewebes. Wo man dieses Gewebe beschädigt, wird ein Anschlag auf die Schöpfung verübt, wird der Mensch angetastet.

Mit der Entfremdung von diesen Lebenszusammenhängen beginnt der Auflösungsprozess. Menschen fangen an, Menschen abzustoßen auf allen Gebieten des gesellschaftlichen Lebens und bis hin zum Mutterschoß.

Schau in die Augen
eines Kindes,
und du siehst
Gott.

Eintreten in das Geheimnis

Glauben ist etwas anderes als religiöses Wissen, etwas anderes als das Akzeptieren von gewissen Wahrheiten und Lehrsätzen. Glauben beginnt mit dem Eintreten in ein großes Geheimnis. Tastend und suchend, fragend und bittend um Licht. Bis Gott eines Tages auf dich zukommt und dich seine Gegenwart spüren lässt in den tausend Dingen jeden Tages.

Glauben heißt weitersehen, durch die Dinge hindurch, auf ihn, der dahinter steht. Die eigene irdische Sicherheit verlassen und über das Wasser gehen, sich einem Wesen anvertrauen, von dem du weißt: Es ist wirksam anwesend, und es lockt stets weiter.

Glauben heißt sich aufnehmen lassen in eine neue, tiefere Dimension, in einen Bereich, in dem alle Grenzen verschwunden sind. Voll Vertrauen in das Dunkel springen, eine kraftvolle Form von Liebhaben.

Eine Gabe

Der Glaube ist eine Gabe. Du kannst sie nicht erobern. Du kannst sie nicht einfordern. Der Glaube ist eine Gabe. Er wird dir gegeben in Stunden der Stille, wenn du dich selbst verlassen hast, dein Herz leer gemacht hast und mit geschlossenen Augen wartest, bis du Gott irgendwo siehst.

Glaube ist eine Gabe. Meistens wird er ganz langsam gegeben, vielen von der Kindheit an, Nichtglaubenden manchmal plötzlich, wenn sie so reinen Geistes und offenen Herzens sind, so ganz den Menschen hingegeben, dass sie unbewusst vielleicht schon lange leben im magnetischen Feld des unglaublichen Gottes.

Es ist eine große Dummheit, Nichtglaubende als weniger gute Menschen anzusehen oder zu meinen, dass Glaubende immer Idioten seien. Gläubige, Andersgläubige und Ungläubige, sie alle sind Menschen und bilden eine Art Mosaik.

Mehr Freude im Leben

Wer Gott gefunden hat, hat eine Antenne mehr, um tiefere Botschaften zu empfangen. Wer Gott gefunden hat, hat einen Halt mehr im Leben, hat einen Boden mehr unter seinen Füßen. Wer Gott gefunden hat, hat endlich sich selbst wiedergefunden, in einer weiteren Dimension, weit über seinen Horizont hinaus, in einer neuen, der religiösen Dimension.

Wer Gott gefunden hat, muss stets weitersuchen, um ihn stets mehr zu finden.

Gott ist so spannend.
Es ist nicht gut,
das Suchen aufzugeben.
Selbst, wenn man meint,
gefunden zu haben.

2

Liebe und tu, was du willst

Gott wollte
seine Liebe den Menschen
sichtbar, greifbar und fühlbar machen.
Darum braucht er einen Leib,
Hände und Füße
und die Wärme eines Menschenherzens.

Im Christentum begegnen wir einem Gott, der das Los des Menschen auf sich nimmt und sich mit Menschlichkeit bekleidet. Einem Gott, der auf unseren Planeten kommt, der Mensch wird, um den Menschen nahe zu sein. Einem Schöpfer, der seiner Schöpfung treu bleibt und seine Geschöpfe nicht im Stich lässt.

Er ist zu allen gekommen

Das „Menschwerden" Gottes ist die Offen-
barung einer unglaublichen Liebe. Das ist die
allerschönste Botschaft, die Menschen je
gegeben wurde. Diese Liebe ist „Mensch"
geworden, Fleisch und Blut geworden in der
Person von Jesus von Nazaret, die vor zwanzig
Jahrhunderten in die Geschichte eintrat und
alles auf den Kopf stellte.

In Jesus sehen wir Gott durch die Welt
gehen. Jesus ist ein Angebot, ein göttliches
Angebot an alle Menschen. Er ist nicht das
Monopol von Katholiken oder Protestanten,
charismatischen Gruppen oder Erweckungs-
bewegungen. Er ist nicht gekommen für eine
Gruppe oder für eine Partei.

Er ist zu allen Menschen gekommen, zu
den Menschen aller Rassen und Sprachen,
aller Richtungen und aller Zeiten.

Gott ist Liebe

Das Geheimnis der Menschwerdung – etwas völlig Neues in der religiösen Geschichte der Menschheit. Das Geheimnis der Menschwerdung ist der Kern des Christentums. Ein Geheimnis der Liebe.

Im Christentum geht es um Liebe, um die Liebe Gottes, wie sie Gestalt angenommen hat in der Person Jesu. *Die Wahrheit des Christentums ist Liebe.*

Im Christentum glaubst du nicht an eine abstrakte Wahrheit, an eine Reihe von Lehrsätzen, sondern an jemand, der dich gern hat. In Jesus sagt Gott den Menschen, wie gern er sie hat.

Jesus ist das Wort Gottes. Alles, was Gott den Menschen zu sagen hat, ist:

Jesus.

Für das Christentum bist du in der Wahrheit, solange du in der Liebe bist, in Jesus. Es
klingt seltsam, aber es ist unerhört befreiend,
dass du im Christentum die Wahrheit nicht
verlieren kannst durch Mangel an Wissen,
sondern einzig und allein durch Mangel an
Liebe.

*An den Gott des Christentums glauben
heißt:
sich in den Strom der Liebe werfen,
der von Jesus aus
durch die Welt fließt.*

Eine Liebesgeschichte

Die Liebesgeschichte von Gott und Mensch hat eine sehr lange Vorgeschichte, die mit der Schöpfungserzählung beginnt. Die Schöpfungsgeschichte ist eines der schönsten Stücke der Weltliteratur. Gott erschuf das Licht, den Tag und die Nacht, das Land und das Meer, die Blumen und die Bäume, grünes Gras, reine Luft und sauberes Wasser.

Gott schuf die Sonne, den Mond und die Sterne, die Fische im Meer, die Vögel in der Luft und die Tiere auf dem Land. Es wurde Abend, und es wurde Morgen. Und Gott sah, dass es gut war.

Dann kam der sechste Tag. Am sechsten Tag machte Gott sein Meisterstück, den Menschen, den König der Schöpfung. Er erschuf ihn nach seinem Bild und Gleichnis.

Der Mensch ist geschaffen nach dem Bild eines Gottes, der Liebe ist.

Hat Gott sich geirrt?

Gott machte den Menschen zum „Herz" der Schöpfung, zum Mittelpunkt des ganzen Kosmos, zum einzigen Wesen, das mehr ist als ein Stück Materie, mehr als eine zufällige Struktur von Atomen und Molekülen. Geschaffen nach dem Bild eines Gottes, wurde der Mensch auch Geist. Sein Leib wurde ein beseelter Leib, unantastbar und unersetzlich.

Allem, was Gott schuf, hat er ein festes Programm eingebaut. „So musst du sein" und „so musst du leben". Bäume und Blumen und Pflanzen wachsen und blühen immer und überall ihrer Art gemäß auf dieselbe Weise. Das dümmste Huhn weiß, wie es ein Ei legen muss, und jeder Vogel singt noch immer dasselbe Lied, das er im Paradies lernte.

Nur der Mensch bekam ein „freies Programm" eingebaut. Wohl gab Gott ihm eine „Handreichung" mit. Es wurde ihm tief ins

Herz geschrieben, wie er mit der Welt umgehen soll.

Gott war in den Menschen, sein Meisterwerk, wahnsinnig verliebt und hatte ein grenzenloses Vertrauen zu ihm, dass er ihm alles
in die Hände gab.

Liegt hier der Irrtum? Gott machte aus
dem Chaos eine wunderbare Welt. Der
Mensch machte aus der Welt wieder ein
Chaos.

Die Schriften erzählen vom ersten Brudermord und wie schnell der Mensch untreu
wurde. Durch alle Jahrhunderte hindurch
wuchs der Turm von Babel und die Gewalt in
der Welt. Die Geschichte von Kain und Abel
ging weiter von Generation zu Generation.

Der Mensch hat sehr schnell das Bild
Gottes in sich selbst verfinstert. Ein völliger
Fehlschlag!

Aber Gott konnte den Menschen nicht
vergessen. Er suchte auf vielen Wegen und
auf vielerlei Weise, den Menschen wieder zu
begegnen. Er fand bei allen Völkern und in

allen Jahrhunderten fantastische Menschen –
Propheten – und Engel mit einem menschlichen Gesicht. Sie sprachen die Menschen an
und wiesen Wege zum Licht. In allen Religio-
nen ist etwas von Gottes großer Weisheit zu
den Menschen gekommen.

Gott ließ seine Schöpfung
nicht im Stich.

In seiner Allmacht hat er
alles geschaffen.

In seiner Liebe hat er,
als die Zeit für das Kommen Jesu reif war,
alles neu erschaffen.

„Wer in Jesus ist,
ist eine neue Schöpfung."
(Paulus)

Eine völlig verrückte Geschichte

In Jesus geht Gott auf die Suche nach den Menschen, macht Gott sich klein wie ein Kind und gibt sich in die Hände von Menschen, um Menschen für seine Liebe zu gewinnen. Eine völlig verrückte Geschichte. Wer mit dem Verstand nachdenkt, wird nie etwas davon begreifen. Wer mit dem Herzen hinschaut und zuhört, dem wir ein Licht aufgehen.

Du wirst in einen Strom hineingenommen, der die Jahrhunderte hindurch Millionen von Menschen getragen hat. Du wirst merken: Ich muss nicht groß und stark sein. Ich muss nicht krampfhaft Leistung bringen, um von Gott geliebt zu werden.

Du wirst erfahren, dass Gott wie ein Verliebter auf das kleinste Zeichen hin dir entgegenkommt, über deine Fehler und Schwächen hinwegsieht und dich vollkommen neu macht. Ganz und gar lieben – so erhältst du Anteil an Gottes Natur.

Das Evangelium

Über Jesus und seine Botschaft ist zu lesen in dem neuen Buch für diese Zeit: im alten Evangelium. Dieses Evangelium ist ein offenes, unverwechselbares und unerschöpfliches Manifest einer großen Liebe.

In diesem Buch ist der Humanismus Gottes beschrieben. Es ist eine Botschaft, die unglaubliche Freude schenkt. Die allermenschlichste und allergöttlichste Botschaft.

Die allermenschlichste Botschaft, weil sie keinen Menschen links liegen lässt. Kein Einziger wird abgeschrieben oder ausgestoßen. So viel Verständnis, Güte und Sympathie gibt es für Schwache und Sünder, für Menschen, die es nicht schaffen, dass sich jeder da zu Hause fühlen kann.

Die allergöttlichste Botschaft, weil niemand sie ermessen kann, ihre Breite und Höhe und Tiefe. Wer einmal gläubig hier hineingegangen ist, findet so viel Licht, so viel

Leben, so viel Freude. Eine Botschaft, die es vermag, Menschen glücklich zu machen, nicht irgendwann einmal, sondern heute, hier und jetzt, in diesem Dorf, das Erde heißt.

Das Evangelium enthält keine Doktrin, keine Lehrsätze, keine Philosophie. Es ist „Leben". Man trifft hier nicht auf eine Sache, eine Erinnerung, ein vergangenes Bild, eine Illusion, sondern auf eine „Person", auf jemand, der wirklich lebt und dessen Gegenwart zu spüren ist für die, die ihn lieben.

Von außen kann niemand hierzu ein gerechtes Urteil abgeben. Es ist eine Frage der Erfahrung. Man muss es mit Leib und Seele erfahren, oder es bleibt ein kaltes Objekt außerhalb von uns, das man studieren kann, ohne irgendetwas davon zu begreifen. Für wen Gott ein Hirngespinst ist und die Menschen eine bestimmte Struktur von Atomen und Molekülen, für den mag das Evangelium schöne Gedanken enthalten, aber die eigentliche Botschaft bleibt ihm verschlossen.

Für den, der glaubt, gibt das Evangelium eine schwere, aber klare Antwort auf die Frage nach dem tiefsten Sinn des Lebens und was es bedeutet: „Mensch sein" und „Mitmensch sein". Eine klare Antwort auf die Frage: Wie können so viele Menschen miteinander leben? Wie können Kriege, Feindschaften, Gewalt ein Ende finden? Dieses Evangelium der Liebe ist noch immer das Evangelium der Torheit, weil es um eine Liebe geht, die schwer ist, die vom Kreuz gezeichnet ist. Wer diese Liebe gewählt hat, gibt seine eigene Macht auf, nimmt den letzten Platz ein und stellt sich in den Dienst von allen.

Der Mensch zuerst

Ich lehne jede Weltanschauung, jede Ideologie und jedes System ab, in denen für behinderte und unheilbare Menschen, für missbrauchte und entwurzelte und gescheiterte Menschen kein Platz ist, in denen die Letzten niemals die Ersten sein können.

Das Evangelium wird von Menschen verstanden, die ein lebendiges Verhältnis dazu haben: Arme und Kinder. Die Reichen, die Mächtigen, die Besitzenden begreifen davon nichts. Darum ist es für sie so schwer, in die Freude des Evangeliums einzugehen.

Die Armen und die Kinder. Sie besitzen den Schlüssel zu dieser inneren Sprache. Sie hören Gott sprechen. Für sie ist das Evangelium keine Moral, sondern eine gute Nachricht, eine Botschaft voller Freude.

Wer nicht wird wie ein Kind,
versteht davon nichts.

Es ist eigenartig. Du kannst das Evangelium oft lesen, jahrelang, ohne dass es dich wirklich in der Tiefe anspricht. Bis eines Tages ein Licht aufgeht. Bis dich aus einem hundert Mal gelesenen Text Worte so heftig berühren und dein Herz überwältigen, dass du vor Freude außer dir bist. Jubeln möchtest du und danken, dass Gott dich angesprochen hat.

Schöpferisch lieben

Liebe ist in allen Sprachen das Wort, das am meisten missbraucht und entstellt wird, das am meisten zur Tarnung von verdächtigen Füllungen dient.

Wahre Liebe ist eine schöpferische Liebe. Sie bringt Menschen zum Leben, zu voller menschlicher Entfaltung. Wenn du einen mit der Liebe Gottes gern hast, dann ist es gut, dass er da ist. Dann machst du ihn neu, und er kann wachsen und blühen wie eine Blume, die sich im Sonnenlicht voll entfaltet.

Diese Liebe ist nicht ein bloßes Gefühl, eine spontane Regung oder sentimentale Anwandlung. Sie ist viel mehr. Sie ist alles.

Aus dem Alten kommt das Neue zum Vorschein, und was tot ist, bringt sie zum Leben.

Liebe im Christentum heißt wesensnotwendig:
ein Herz haben für Menschen,
sich selbst geben für andere.

In der Ökonomie dieser Liebe ist man aufgerufen, mehr als das zu geben, was man besitzt. Man muss sich selbst geben.

Das ist das größte Wagnis des menschlichen Herzens.

Diese Liebe macht den Menschen frei, frei von der Verkettung an Geld und Besitz, frei von der Verschlossenheit in sich selbst.

Erst wenn die Liebe im Herzen der Menschen wohnt, ist es möglich, dass Menschen wieder sinnvoll von Gott reden und einander verstehen.

Liebe ist kein Luxusartikel

Liebe ist kein Luxusartikel für sanfte Leute und kraftlose Typen. Es ist mit ihr nicht wie mit Sommersprossen, die der eine bekommt und der andere nicht und um die man sich nicht kümmern muss.

Liebe ist viel mehr als die Solidarität in Vereinen, Parteien, Organisationen, wo man sich gegenseitig schätzt und nützt. Sie verkümmert nicht zur negativen Haltung: nichts Böses wünschen, nichts Böses tun. Sie besteht nicht in passiver Verträglichkeit. Sie ist kein Herumstudieren am Mitmenschen, ob er wohl der Liebe würdig ist.

Liebe ist ohne Vorbehalt. Teilhaben und teilnehmen an der Freude, an den Leiden und Sorgen der anderen, Tag für Tag aufs Neue, auch wenn es im täglichen Umgang mörderisch schwer sein kann, Hochachtung und Sympathie zu bewahren.

Liebe im Christentum,
das ist die Liebe Gottes,
die Mensch werden will in Menschen.

Diese Liebe ist uneingeschränkt und uneigennützig. Sie setzt Entsagung voraus, Verzicht auf gute Dinge zugunsten anderer. Sie setzt Anspruchslosigkeit voraus, Einfachheit und Hingabe.

Diese Liebe besitzen wir, wenn uns das Leiden anderer wehtut, wenn wir den Hunger anderer am eignen Leibe fühlen, wenn uns die Einsamkeit, die Angst und die Not der Kleinsten und Schwächsten das eigene Herz zerreißt.

Mit dieser Liebe sind wir niemals fertig.

Sie verlangt eine ständige persönliche Umkehr.

Das ist die Liebe, die Jesus zum Gebot machte. Sie geht über unsere gewöhnlichen menschlichen Kräfte hinaus.

Auf den Kopf gestellt

Das Ansehen der Priester hat er durch das Gleichnis vom barmherzigen Samariter untergraben. Die Autorität der Schriftgelehrten hat er unterhöhlt. Das Gesetz hat er auf vielerlei Weise übertreten. Er heilte am Sabbat, er fastete nicht und hielt die gebräuchlichen Reinigungen nicht ein. Er aß und trank mit öffentlichen Sündern und mit verachteten Zöllnern, die das Volk ausbeuteten. Er nahm eine Prostituierte in Schutz, er ließ sich von ihr die Füße salben und küssen vor den Augen seines Gastgebers und aller Gäste. Er brachte durch seine scharfe Kritik an den Reichen die ganze bestehende Ordnung in Gefahr.

Jesus brachte einen ganz neuen Wertmaßstab. Sein Wertmaßstab hieß: Liebe.

Ein Lied von der Liebe

Liebe sucht überall das Gute,
Liebe ist nicht neidisch,
Liebe prahlt nicht.
Liebe bildet sich nichts ein.
Liebe gibt nicht, weil es schön aussieht.
Liebe sucht nicht nach sich selbst.

Liebe lässt sich nicht verbittern
und rechnet das Böse nicht an.
Sie freut sich nicht über Fehler von anderen.
Sie ist froh über das Gute, das geschieht.

Liebe erträgt alles,
Liebe glaubt alles,
Liebe hofft alles,
Liebe duldet alles.

Die Liebe hört niemals auf.
Paulus

Auf der Seite des Menschen

Im Christentum ist Gott kein Konkurrent des Menschen. Die Mündigkeit und Autonomie des Menschen liegen auf der Linie von Gottes Plan mit der Schöpfung. Im Christentum hat Gott den Menschen in die Mitte gestellt und ihm Erde und Himmel zu Füßen gelegt.

In Jesus hat ein allmächtiger Gott seine Allmacht gekreuzigt, um allen Menschen aller Zeit zu sagen, dass er sie gern hat und dass sie der Mühe wert sind.

Der Gott des Christentums ist ein liebender Gott, der von seiner Allmacht keinen Gebrauch macht aus Hochachtung vor dem Menschen, dem er alles in die Hände gelegt hat.

Dieser machtlose Gott ist auf der Suche nach dem Menschen, weil allein der Mensch imstande ist. Gott wieder Zugang zur Welt zu verschaffen, dass seine Liebe wieder mächtig und das Angesicht der Erde neu wird.

Der Weg der Befreiung

Die Macht Jesu, des Gekreuzigten. Anders als die Macht des Geldes und der Waffen. Anders als politische Macht. Jesus ein Gekreuzigter zwischen zwei Verbrechern, den Sündern völlig gleichgestellt, von Gott verlassen, dessen Nähe er angekündigt hat in Wort und Tat und in seiner eigenen Person. Ein völliger Fehlschlag.

Erstaunlich für eine Botschaft, die die Menschen erlösen will. Einmalig in der religiösen Geschichte der Menschheit. Kein Mensch wäre je auf den Gedanken gekommen, so etwas Profanes wie eine Hinrichtung, wie den jämmerlichen Tod eines Sklaven und Rebellen mit einer religiösen Bewegung in Verbindung zu bringen.

„Seht da, diesen Menschen."

Der Weg der Vergebung

Man kann bei Humanisten, Philosophen und religiösen Denkern aller Zeit suchen, nirgends wird man die Botschaft einer Liebe finden, die so tief geht, die über alle menschlichen Erwartungen so weit hinausgeht wie die Botschaft des Christentums, die in Jesus von Nazaret verkörpert ist.

Sein Leben und seine Botschaft sind jedoch im Laufe der Geschichte so verzerrt, so entstellt worden durch Menschen, die sich „Christen" nennen, dass sich Unzählige abgewandt haben.

Das Wunder bleibt: Vor zweitausend Jahren kam plötzlich einer, der den Todeskreis durchbrochen hat, der allein einen neuen Weg einschlug, einen fremden Weg, den Weg einer wahnsinnigen Liebe: den Weg der Vergebung.

In der sozialen, wirtschaftlichen, politischen und selbst religiösen Welt ist „Vergebung schenken" nicht in Mode. Aber Menschen zu lieben, weil sie so liebenswert wären, läuft ein Fiasko hinaus. Es wäre eine Illusion, einen Menschen auf Dauer lieben zu wollen im Namen einer abstrakten Idee, einer Ideologie, einer „allgemeinen Wohlfahrt" oder „im Namen der Menschheit".

Allein die Vergebung ermöglicht eine fundamentale Veränderung im menschlichen Verhalten. Vergebung verlangt Mut, Wagnis und schöpferische Fantasie. Vergebung schenken ist die beste und wirksamste Strategie für einen Menschen, ein Volk, eine Nation, um in Frieden zu leben und in einer Welt voller Gewalt zu überleben. Vergebung kann zusammengehen mit allen Formen von gewaltlosem Widerstand. Die Vergebung, auf weltweite Verhältnisse übertragen, wird die größte Revolution aller Zeiten einläuten.

Liebe, nicht Perfektionismus!

Die Revolution, die Jesus gebracht hat, besteht in einer Form von „Vollkommenheit", die mit dem strengen Einhalten einer Fülle von Gesetzen und Vorschriften nichts zu tun hat, sondern alles mit Güte und Vergebung, mit dem Lernen der Liebe zu Feinden und mit dem Hören auf das Wort dessen, der uns wie ein Vater und wie eine Mutter liebt und der in unserem Herzen spricht.

Der Weg der Liebe ist keine Zwangsjacke, die einem die Luft abdrückt, und kein enges Korsett, in dem man erstickt. Du kannst dich frei bewegen. Du kannst das Leben genießen. Du brauchst nicht der Beste und nicht der Erste zu sein. Du brauchst kein Supermensch zu sein. Du kannst Fehler und Schwächen haben. Es gibt nur ein alles umfassendes Gesetz: Liebe!

Liebe und tu, was du willst

Es geht um einen Befreiungsprozess, der sich in erster Linie im Menschen selbst vollzieht. Ein Christ ist ein freier Mensch. Ein Mensch, der sich von tausend irdischen Fesseln freigemacht hat, um sich für Gott allein zu entscheiden und in Gott für alle Menschen, vor allem für die Schwachen, Armen und Ausgestoßenen.

Gott wirkt nicht aufgrund des perfekten Managements von religiösen Organisationen und kirchlichen Apparaten.

Gott ist und kann nur dort wirksam gegenwärtig sein, wo Menschen seiner Liebe Hände und Füße geben und die Wärme ihres eigenen Menschenherzens.

Alles hängt zusammen: Glaube an Gott, Glaube an den Menschen, Glaube an das Leben. Alles hängt zusammen mit Lieben und Geliebtwerden.

Das Zeichen

Im Lauf der Jahrhunderte eroberte das Christentum die westliche Welt und wurde eine Macht, eine große weltliche Macht mit viel Reichtum. Auf Lehrsätze und Strukturen wurde großer Wert gelegt, und die Botschaft der Freude erstarb in Glaubensstreitigkeiten, in endlosen Diskussionen auf hohem Niveau, die Fremdheit und Zerrissenheit mit sich brachten. Dann folgte die Erstarrung in strenger, übersteigerter Rechtlichkeit. Die Botschaft der Freude erstickte in einem Panzer von Gesetzen, Paragrafen, Vorschriften und Verordnungen, für die sich kein Mensch erwärmen kann. Die Früchte des Geistes – Liebe, Freude, Friede – wurden verschüttet durch eine Lawine von kirchlichen Auseinandersetzungen.

Aber das Zeichen des Christentums ist überall, wo Menschen sich bewusst an die Seite von Armen und Schwachen stellen und uneigennützig Sorge tragen für Menschen in Not. Das Christentum wird einzig und allein durch Menschen überleben, die die Liebe praktizieren.

Wer niemals geliebt wurde, wer niemals Liebe erfahren hat, für den ist es schwer, an einen Gott zu glauben, der Liebe ist. Denn allein in der Liebe wird Gott fühlbar und erfahrbar. Allein in der Liebe können Menschen zum Glauben kommen.

Das Zeichen des Christentums ist nicht eine prächtige Kirche oder Kathedrale mit goldenen Gewändern und silbernen Verzierungen, mit einer erhebenden Liturgie und schöner Musik.

Das Zeichen des Christentums ist die Machtlosigkeit, die Kleinheit, die Verletzbarkeit, ist noch immer das Kreuz, an dem ein Mensch Tag für Tag sein Leben still dahingibt.

Das Einzige, was zu tun ist

Christen sind unter ihrem Niveau geblieben. Sie haben Gott für die Sonn- und Feiertage in Kirchenmauern eingefangen. Sie haben zu wenig für ihre eigene Bekehrung gebetet. Sie haben Gott als eine Waffe gegen Mitmenschen gebraucht und missbraucht. Sie haben zu viel nach dem Einsatz seiner Macht gefragt und zu wenig nach der Gabe seines Geistes.

Das Einzige, was ein Christ zu tun hat: dass die Menschlichkeit Gottes, die Güte und die Liebe Gottes Gestalt annimmt in einer lieblosen Welt, wo so viele Menschen vor Kälte sterben.

Mehr als Propheten, die Bannflüche aussprechen, mehr als Experten für Lehre und Recht, mehr als Theologen, Amtsträger und Autoritäten braucht die Welt heute Zeugen. Ich frage mich, warum so viele Christen mit der Frohen Botschaft nicht froh werden und sich so wenig am Leben freuen. Stattdessen sucht man Strukturen und Organisationen intakt zu halten, aus denen Geist und Begeisterung entwichen sind.

Aber die erste und allerwichtigste Aufgabe der Kirche und aller Kirchen ist Menschen zusammenbringen und in Liebe vereinen, und das nicht im Namen einer Lehre, wie erhaben und schön auch immer, sondern im Namen eines Gottes, der Liebe ist und allein Liebe will und darum in Jesus so ausdrücklich und so eindringlich um Liebe bittet.

Kirchen dürfen Menschen nicht aussondern, nicht einteilen in Gute und Schlechte, in solche, die die Wahrheit besitzen, und andere, die sich irren. Kirchen müssen für alle offen stehen. Sie müssen einladend sein und anziehend, nicht abstoßend wirken.

Man kann Gott den Menschen nicht aufzwingen. Allein die Liebe vermag Gott wieder sichtbar zu machen und Menschen zu helfen, an Gott zu glauben.

Den Himmel im Herzen

Dies ist ein kleines Buch vom guten Gott.
Vom Gott der Kleinen, Armen und Schwachen.

Vom Gott des Franz von Assisi,
des kleinen Bruders ohne Ansprüche,
der jeden und alle liebt
und der übertreibt in der Liebe.

Vom Gott der Mutter Teresa
und des Martin Luther King,
des Oscar Arnulfo Romero,
des Maksimilian Kolbe
und des Helder Câmara.

Vom Gott aller wunderbaren Menschen,
aller Frauen und Männer,
die die Erde bewohnbar machen
und den Himmel in ihrem Herzen tragen.

Sie alle sind Zeugen:

für das Kommen von Licht
in die Nacht dieser Zeit,

für das Kommen von Frieden
in das Herz der Menschen,

für das Kommen von Freude
in alles Leid hinein,

für das Kommen von Leben
in eine sterbende Welt,

für das Kommen von Liebe
in eine liebelose Gesellschaft,

für das Kommen Gottes
in Menschen von Fleisch und Blut.

3

Durch das Dunkel
zum Licht

Wenn Gott existiert,
wenn Gott Liebe ist,
warum dann so viel Leiden?

Mach dich mit dieser Frage auf den Weg durch die Jahrhundert und durch alle Straßen der Menschen. Klopf an die Tür der größten Philosophen und stelle sie den berühmtesten Gelehrten. Nicht ein Einziger wird dir eine befriedigende Antwort geben. Aber Gott hat Auferstehung in jedes Blatt eines jeden Baumes geschrieben, also auch in dein müdes Menschenherz.

Wo war Gott?

Zwei Busse mit schlafenden Kindern fahren nachts auf der Autobahn und kommen ins Schleudern. Ein Feuermeer. Kinder, die in dieser Hölle verbrennen. In Paris läuft morgens eine Mutter wie eine Irre durch die Straßen und schreit: „Wo war Gott heute Nacht?"
Wo war Gott?

Der Berg hat gewartet, bis die Menschen schliefen und die Kinder träumten und die Verliebten sich in den Armen lagen. Der Berg hat gewartet, bis es dunkel war. Dann brach er aus. Mit reißenden Strömen von Feuer, glühender Lava und kochendem Schlamm überfiel er die Menschen, schlug zu und tötete in der stillen Stadt.

Ich weiß nicht, warum die schöne Natur so grausam sein kann. Ich weiß nicht, woher die Stürme und Orkane kommen und wer sie geschickt hat, die Dächer von den Häusern zu reißen, die Flüsse über die Ufer treten zu lassen, das Land zu überschwemmen und die Menschen zu verfolgen mit Vernichtung und Tod.

Ich weiß nicht, warum die Vulkane Feuer speien müssen, warum die Erde beben und bersten muss. Ich weiß es nicht. Warum muss manchmal, vor allem in den armen Ländern, das, was Menschen mit so viel Mühe gebaut haben, auf sie selbst niederfallen?

Wo war Gottes Allmacht in der Hölle von Auschwitz? Wie schwach war Gottes Arm, der Mächtige vom Thron stürzen kann? Die entsetzlichen Bilder des Holocaust-Films waren in die Wohnzimmer eingedrungen. Die Menschen erstarrten. Wie war so etwas möglich gewesen? Nackte Menschen warteten wie betäubt vor den Gaskammertüren. Jemand rief im Fernsehstudio an und fragte: „Wo war Gott?" Und er bekam zur Antwort: „Zwischen den wartenden Menschen stand er und weinte."

Warum? Warum?

Tag um Tag, Stunde um Stunde, in Dörfern und Städten, in großen und kleine Straßen, in Krankenstationen und Großkliniken, in Herrensitzen und Hinterzimmern oder irgendwo am Straßenrand: Menschen, die in tiefster Not ihr Gesicht in die Hände vergraben, die aufschreien vor so viel unentrinnbarem Leid, die fassungslos weinen über den unerbittlichen Tod.

Warum so viel Leiden?

Warum die Lähmung? Warum der Krebs? Warum die Behinderung? Warum dieser Unfall und nie mehr gehen können? Warum im Frühling des Lebens sterben? Warum?

Entweder: Gott will das Leid und das Böse nicht, aber er kann es nicht verhindern. Und dann ist er kein allmächtiger Gott. Oder: Er kann das Leid und das Böse verhindern, aber er will es nicht. Und dann ist er kein guter Gott.

Eine ganz simple Argumentation von Menschen, die nichts als Verstand haben. Aber: Wenn Gott das Leid und das Böse verhindern will und es auch kann, warum tut er es dann nicht?

Das „Warum" bleibt himmelhoch stehen.

Die Wissenschaft weiß alles darüber, und sie wird uns bis ins Kleinste die genauen Ursachen unseres Leidens und Sterbens erklären. Aber was fangen wir mit solcher Antwort an?

„Eben hatte ich ihm noch eine Tasse Kaffee ans Bett gebracht", sagte die Frau, „er fühlte sich wohler. Als ich zurückkam, war er tot. Warum nur? Er war doch noch so jung!"

Plötzlich die schreckliche Trennung. Die grenzenlose Ohnmacht. Die Angst vor dem Tod steht ganz dicht neben der Freude am Leben. Der Tod ist der ewige Spielverderber, der sich in allen Lebensgenuss einmischt, der jegliche Sicherheit aufhebt und das Organ abschnürt, mit dem wir unsere Lebensfreude einatmen.

Die Menschen wissen keine Antwort. Darum gehen sie den tiefsten Lebensfragen aus dem Weg. *Ich weiß nicht, wen ich fragen soll.*

Wenn ich an das Leiden der Unschuldigen denke, an die Gräuel des Bösen in der Welt, wenn ich an die Toten denke und an meinen eigenen Tod, dann stehe ich vor dem Geheimnis.

Dann kann ich versuchen, nichts zu denken, zu vergessen oder mir etwas einzureden. Aber solange ich Verstand habe und ein Herz wird das „Warum" mich quälen.

Das Rätsel des Leidens und des Bösen, das Rätsel des Lebens und des Sterbens hängt zusammen mit dem Geheimnis Gottes.

Gott ist ein fremdes Licht!

Ich werde mit Gott zum Kampf antreten. Ich werde Gott zur Verantwortung rufen. Ich werde schreien:

Warum, Gott,
hast du die Sonnen gelöscht,
die du selbst angezündet hast?

Kain und Abel

Die Geschichte vom Brudermord ist eine Geschichte, die zu allen Zeiten geschieht. Wir werden täglich damit konfrontiert. Jeden Abend werden die Toten und Verletzten auf dem Bildschirm ins Wohnzimmer getragen. Man sieht, wie Menschen andere Menschen auf scheußlichste Weise quälen.

Es gibt so viel Böses in der Welt, dessen Ursachen ganz klar aufzuzeigen sind und für das man Gott bestimmt nicht verantwortlich machen kann. Das Böse, das Menschen einander antun, sollten sie nicht Gott in die Schuhe schieben.

Durch Briefe, Telefonanrufe und viele Gespräche werde ich in einen Dschungel geführt, wo Menschen sich gegenseitig auf manchmal raffinierte Weise erniedrigen, quälen, bedrohen und oft zur Verzweiflung bringen.

Wenn ich dann machtlos bei den vielen Opfern sitze, die zusammengebrochen sind, am Ende ihrer Kräfte, und sich nach Erlösung sehnen, möchte ich am liebsten in diesen Urwald rufen:

Menschen, hört auf damit!
Hört mit dem Wahnsinn auf!
99 Prozent von allem Leid der Welt
fügt ihr euch gegenseitig zu."

Ist der Tod das Ende oder nicht?

Halte ich mir den Tod ruhig vor Augen, jenen kritischen Augenblick in meinem Leben, den ich mutterseelenallein durchmachen muss, dann stehe ich vor dem Ganzen oder dem Nichts, vor dem Sinn oder Unsinn meines Daseins, vor Gott oder der unendlichen Leere.

So wie mein eigenes, einmaliges, ursprüngliches „Ich" in der Physik, Chemie oder Biologie nicht restlos erklärt werden kann, so finde ich auch für das Geheimnis des Leidens und des Todes keine befriedigende Lösung.

Ich habe einen Leib bekommen. Ich habe das Leben erhalten einfach so, gratis, täglich neu. Das Einzige, was ich in der Hand habe, das ist die Hoffnung. Sie bewahrt mir die Freude am Leben bis zu meinem letzten Atemzug.

Ich weiß, dass ich einmal meinen Leib, meine Hülle zurückgeben muss, dass dies die Menschen „Sterben" nennen und dass viele meinen, das ist mein Ende. Als ob Menschen wie Abfall wären, der verschwindet oder verbrannt wird. Amen und aus

Das nehme ich nicht hin. Ich kann mich nicht abfinden mit dem furchtbaren Schicksal der Unschuldigen, die kaum gelebt haben, vielleicht keinen einzigen Tag glücklich waren, die immer und überall getreten und zertrampelt wurden.

Warum lebt in unglücklichen und missbrauchten Menschen noch so viel Hoffnung, Hoffnung auf besseres Leben, auf ewiges Leben? Warum will ein jeder Mensch am Leben bleiben? Jemand hat die Flamme angezündet und hält sie brennend. Es ist die Liebe, die die Flamme nährt, und hierin offenbart sich eine geheimnisvolle Kraft, eine übermenschliche Kraft, die über die Grenzen des Todes geht. Liebe ist stärker als der Tod. Gott ist Liebe.

Start in die Ewigkeit

Wir sterben jeden Tag um einen neuen Tag und werden jeden Morgen neu geboren. Das Leben haben wir nicht in der Hand. Jede Stunde, jeder Schlag unseres Herzens ist eine wunderbare Gabe. Jeden Tag sterben wir um einen Tag und kommen einen Tag näher an den entscheidenden Augenblick unseres Starts in die Ewigkeit.

Der Start eines Menschen in den Weltraum wird sorgfältig vorbereitet. Er kostet viel Geld, viel Fachwissen und die Arbeit von vielen tausend Menschen.

In die Ewigkeit gehen kostet kein Geld und verlangt kein Wissen. In die Ewigkeit gehen verlangt Hingabe, Glaube und Liebe. Wir müssen in eine gute Bahn gelangen.

Loslassen lernen

Wenn du stirbst, verändert sich alles, die ganze Welt, alles, woran du dich ein Leben lang festgehalten hast.

Sterben ist unheimlich, wenn du blindlings in ein Land gehst, an das du noch nie gedacht hast, von dem du noch nie geträumt hast, wenn du mit tausend Banden an das Stückchen Erde hier gefesselt bist, das vergänglich ist und das viele Namen trägt.

Sterben lässt sich leichter ertragen und hinnehmen, wenn du gelernt hast, loszulassen, wenn sich dein Inneres geöffnet hat für das Geheimnis, das dich nach dem Tod erwartet. Wenn du glauben kannst, dass ein Gott da ist, der dich gern hat, nicht nur, wenn du lebst, sondern noch mehr, wenn du stirbst, dann heißt Sterben: wie ein Kind heimfinden zum Vater, in ein Land, wo alles gut ist und wo das Leben erst endgültig beginnt in einem ewigen Jetzt.

Abschied

Dein Leib war warm.
Dein Leib ist kalt.
Dein Mund war so zart.
Deine Lippen sind kalt.
Deine Augen so hell und so tief.
Deine Augen sind kalt,
kleine Fenster der Nacht.

Alles wird still.
Wer wird dich noch streicheln,
noch sagen, dass er dich liebt.
Du bist so unendlich fern.
Dein Herz steht still.
Deine Füße werden steif.
Deine Arme, deine schönen Hände,
deine Augen.

Alles wird still.
Soeben warst du noch hier.

Ein Augenblick, und dein Haus war leer,
dein Leib verlassen.

Bist du nun so weit weg, unerreichbar fern?
Oder hörst du mein Rufen?
Vielleicht siehst du meine Tränen.
Ich weiß es nicht.

Warum lässt du mir deinen Tod,
und selbst wählst du das Leben?

Die Frage offenhalten

Die Wissenschaft kann dem Leiden und Sterben keinen Sinn geben. Sie kann uns helfen, das Leiden zu erleichtern und zu verarbeiten, ohne daran seelisch zugrunde zu gehen. Nur allzu oft greifen Menschen selbst zu billigen Lösungen in Form von Tabletten, Pulvern und Betäubungsmitteln oder zu pseudo-religiösem Ersatz und nichtssagenden Worten von Berufströstern.

Die Verdrängung der „Sinn"-Fragen ins Unterbewusstsein ist keine Lösung. Ein tiefgehendes Unbehagen macht sich breit, und es wächst das quälende Gefühl einer letzten Vergeblichkeit.

Aber auch zu sagen: „Es war Gottes Wille", ist keine Lösung, wenn Leid und Unglück über Menschen hereinbrechen. Gott ist Liebe. Der Wille Gottes kann nichts anderes sein als: Liebe, Güte, Freude und Friede für alle Menschen.

Das letzte Wort

Gott, der um der Freiheit des Menschen willen
seine Allmacht gefesselt hat, kann das Leiden
nicht verhindern. Aber er will, dass aus Leid
und Schmerz etwas Gutes und Schönes ent-
steht und dass das Böse zum Guten gewen-
det wird durch Vergebung und Versöhnung.
Solche Prozesse können sich aber nur ent-
wickeln und vollziehen, wenn „Liebe" da ist.

Weil Gott Liebe ist, will er machtlos sein
bis ans Ende der Zeiten, bis zum Tag des
Jüngsten Gerichts. Dann spricht er das letzte
Wort. Gott hört unser Leben lang schweigend
unserer Geschichte zu. Er lässt uns ganz und
gar freie Hand, ohne uns irgendwie zu hin-
dern oder ins Wort zu fallen. Erst beim Tod,
wenn wir völlig zu Ende geredet haben, beginnt er zu sprechen.

„Warum nicht ich!"

Man hatte einen jungen Vater in die Klinik gebracht. Krebs und keine Heilungschance. Um die vierzig Jahre alt und drei Kinder. Ein lieber Kerl, ein Sportskamerad, eine Sonne zu Hause und ein guter Freund für alle. Ein fröhlicher Mensch, der viel lachte.

Jetzt war das Lachen in seinem Gesicht gestorben. Still lag er in seinem weißen Bett und wartete mit geschlossenen Augen wie im Koma.

Familie und Freunde standen um sein Bett. Leise flüsterten sie, wie schlimm es wohl sei. Bis einer fast laut das Wort „Warum" aussprach.

Der Mann hörte es.

Langsam richtete er sich auf und sagte:

„Warum nicht ich!"

Was bleibt?

Er hieß Jan Frans. Herzlich, liebenswürdig, witzig und voller Schalk eroberte er die Herzen der Menschen im Flug. Er sollte zweiundvierzig Jahre alt werden.

Als er sieben Jahre vorher mit Sicherheit wusste, dass er unheilbar krank sei, zum Tode verurteilt, meinte er geradezu heiter: „Ich hab doch in meinem Leben viel Spaß gehabt. Weißt du, wie ich mich fühle? Wie einer, der alles für die große Reise eingepackt hat, nur die Schuhe wollen nicht mehr hinein."

Oft sprachen wir über den Tod. „Viele Dinge kann ich einfach nicht ernst nehmen, für die andere sich kaputt machen." Und eines Tages sagte er noch dies: „Nur die Dinge, mit denen du sterben kannst, sind es wert, damit zu leben. So viele sind das nicht."

Für ihn waren es Gott und die Freundschaft.

Wo alle schweigen

Eine Antwort auf die Frage nach Sinn kann nur dann befriedigend sein, wenn sie umfassend und tief genug ist, dass sie auf alle Menschen zutrifft, dass sie dem Leben eines Mannes einen Inhalt gibt, der sein Leben lang im Rollstuhl sitzt, dem Leben einer Mutter, die ein schwerbehindertes Kind hat, dem Leben von Menschen, die vom Schicksal verfolgt werden, dem Leben eines Kranken, der noch jung ist und weiß, dass er Krebs hat.

Solch eine Antwort finde ich nirgends, in keiner einzigen Philosophie. Wenn mich das Absurde von Leid und Tod entsetzt, wenn das Blut in meinen Adern erstarrt, und ich ratlos nach „Sinn" suche, finde ich bei Gott allein das einzige Licht und die einzige Kraft, die das Blut in meinen Adern wieder fließen lässt. Wo alle Menschen schweigen, hat Gott eine sinnvolle Antwort. Aber diese Antwort werden wir nur ganz langsam verstehen.

Mit-Leidenschaft

Die Antwort Gottes ist Jesus, und dieser Jesus ausgerechnet mit einem Kreuz. Das Kreuz ist etwas ganz Befremdendes. Alle Natur- und Kulturreligionen verweisen auf ein mächtiges unnahbares Überwesen. Nur das Christentum glaubt an einen scheinbar machtlosen Gott, an einen Gott, der seine Allmacht gekreuzigt hat in der Person des Jesus von Nazaret.

Was Gott der Welt zu sagen hat, ist Jesus, und diesen Jesus als Gekreuzigten." Weil Gott Liebe ist und die Menschen so unendlich gern hat, wird er ein leidender Gott. Er hat gelitten und sich kreuzigen lassen in der Person des Jesus von Nazaret, und bis in unsere Tage durch alle Zeiten hindurch leidet er das Leiden aller Menschen mit.

Abstieg

Die Geschichte Gottes wird geschrieben zwischen Krippe und Kreuz. Die Geschichte von einem, der bei den Menschen keinen Platz findet, von einem Flüchtlingskind, von einem Unbewaffneten, einem Wehrlosen, der verfolgt und verhöhnt wird, gefoltert und gekreuzigt, weil er für Arme und Schwache eintritt mit einer Botschaft der Güte und Liebe, des Friedens und der Versöhnung.

Gott ist hinabgestiegen in die tiefsten Keller der Menschheit, wo Tag für Tag Hass geboren und genährt wird und mit dem Hass alle Ungerechtigkeit.

Gott ist dorthin hinabgestiegen, wo Menschen einander ablehnen, ausbeuten, quälen, wo sie einander nach dem Leben trachten. Gott hat sich mit allen Opfern identifiziert, wo auch immer in der Welt.

Befreiung statt Verdrängung

Menschen müssen keine Helden sein. Die Botschaft Jesu ist kein Zuckerwasser, keine Flucht aus der Wirklichkeit, kein fauler Trost. Mitten in der Botschaft steht ein Kreuz. Wir werden konfrontiert mit der Wirklichkeit des Kreuzes in unserem eigenen Leben und in der ganzen Welt. Angst und Not werden nicht beseitigt. Schmerz und Dunkel bleiben bestehen. Es ist keine Verdrängung. Es ist Befreiung. Befreiung zur Hoffnung.

Jesus ging einen einsamen Weg durch Leiden und Tod, im Stich gelassen von Freunden und Jüngern. Aussichtslos und sinnlos. Sterbend am Kreuz, schrie er auf in der Todesangst aller, die jemals unschuldig verurteilt und hingerichtet wurden: „Mein Gott, mein Gott, warum hast du mich verlassen?" Es wird finster. Er stirbt. Er wird begraben. Warten, einen Tag, noch einen Tag. Scheinbar ist alles verloren.

Dann plötzlich das Licht, die Freude. *Auferstehung*. Wir gehen durch jedes Kreuz zum Licht, durch jeden Karfreitag auf Ostern zu.

Es ist ein unbegreifliches Geheimnis, aber es ist geschehen, dass Menschen in der tiefsten Qual und in der schwärzesten Nacht, durch alles Elend und Leiden hindurch plötzlich Gott sehen, Gott begegnen.

So kommt es, dass manchmal Menschen Gott überwältigt danken für das Kreuz, das er ihnen zu tragen gab. Gott kann leidenden Menschen dadurch Kraft und Trost geben, dass er „Sinn" schafft, dass er Aussicht und Zukunft bietet. Überlebende der Konzentrationslager bezeugten, dass in der Hölle von Dachau oder Auschwitz Gefangene Gott entdeckten und gerade dadurch am Leben blieben, während andere durch die unmenschlich brutalen Vorgänge so tief verstört wurden, dass sie nicht nur allen Glauben verloren, sondern damit auch den Mut und den Willen weiterzuleben.

Lass dich fallen

Der Geist kann jung, frisch und lebendig
bleiben in einem alt gewordenen Körper.

Das ist eine große Verheißung.

Es kann nicht sein, dass ein junger, frischer
lebendiger Geist untergeht, nur weil das alte
Gerippe von einem Leib stirbt. *Es gibt Zukunft
für das wunderbare Wesen Mensch!*

Wenn du alt wirst, weißt du mit absoluter
Sicherheit, dass du auf den Rand der Welt zu-
gehst und eines Tages fallen wirst, tief,
schwindelerregend tief, und doch:

Lass dich ruhig fallen,
denn du fällst in die offene Hand
und in die zärtlichen Arme
eines unendlich lieben Gottes.

Auferstehung

Auferstehung ist ein Heilungsprozess, der während unseres Lebens beginnt, wenn wir loslassen lernen, wenn wir uns frei machen von Materie, von übertriebenem Luxus und Komfort, so dass der Geist in unserem Leib freier, kräftiger und fröhlicher wird.

In der Auferstehung werden wir ganz neu, bis in unseren Leib hinein. Wir werden von allen Wunden geheilt, auch von der tiefsten Wunde, dem Tod. Auferstehung ist ein langsamer Prozess, der sich erst ganz vollzieht, wenn wir tot sind.

Wenn Menschen sterben, mit denen man eins geworden war, wenn Menschen, die mit unserem Leben so eng zusammengewachsen waren, losgerissen und weggetragen werden, geht ein Stück von uns selbst ins Grab, und es brennt in unserem Kopf und in unserem Herzen das „Warum", bis einer das erlösende Wort spricht: Dein Geliebter lebt!

Neue Schöpfung

So wie ich keine Schwierigkeit habe, anzu-
nehmen, dass ein Weizenkorn, das in der Erde
stirbt, zu blühenden Ähren und zu einem
neuen Weizenkorn wird, so haben ich auch
keine Schwierigkeit, zu glauben, dass das
wunderbare Wesen Mensch, das auf Erden
stirbt, auferstehen wird zu einem neuen
Leben in einem Paradies voller Freude. Es ist
nicht möglich, dass das Leben eines Menschen in einem dunklen Loch endet. Lasst uns
durch die Finsternis des Todes auf das Licht
schauen. Ich glaube an die Auferstehung. Es
geht nicht um das Aufstehen einer Leiche. Der
Mensch wird neu geschaffen werden, obwohl
ich mir die neue Leiblichkeit nicht vorstellen
kann. Wenn wir etwas darüber sagen wollen,
muss es wie in Erzählungen über Vollendung
sein, über Frieden, Freude und Glück. Neue
Menschen mit einer neuen Leiblichkeit in
einer neuen Schöpfung.

4

Gott – meine Oase

Es gibt viele Wege zu Gott,
so viele Wege,
wie es Menschen gibt.

Mein einziger Wunsch ist, dass du eines Tages
von Gottes Liebe erreicht wirst, denn bei
Gottes Liebe führen alle Wege zum Licht.
Menschen sind nur ganz schwache Sterne mit
einem matten Schimmer von Licht. Gott allein
ist das Licht, und wenn du vielleicht alles auf-
gegeben hast, wirst du in diesem Licht den
verlorenen Mut wiederfinden.

Mein Weg

Wenn ich dich in mein persönliches Leben eintreten lasse, in mein Leben mit Gott und den Menschen, in die Freude über das Wunder, das ich erfahre, dann ist das nur eine stille Einladung, mit auf den Weg zu kommen, den ich gehe. Ich fühle mich so machtlos. Ich wurde gerufen, und ich merkte sehr bald, dass nicht ich gewählt hatte, sondern dass es Gottes Wahl war. Gott hatte mich in einer unbegreiflichen Liebe gewählt, die ich selbst nicht verstehen und auch nicht erklären kann.

Ich bekam den Glauben nicht von einem Bischof oder Theologen, sondern von zwei lieben Menschen, meinem Vater und meiner Mutter. Gott war selbstverständlich, denn es gab so viel Liebe und Wärme, so viel Zuneigung und Zusammengehörigkeit. Ich sah Gott nicht, aber ich fühlte ihn jeden Tag. Ich stellte mir keine Fragen.

Später wurde alles anders. Ich ging studieren, und der selbstverständliche Gott wurde zu einem riesengroßen Problem. Ich studierte Philosophie und Theologie und fing an, die Ungläubigen zu verstehen. Ich bekam Angst, Gott zu verlieren. Auf dem Weg des Studiums kam ich ihm nicht näher. Er zog sich vielfach in Nebel zurück. Aber ich glaubte weiter und suchte weiter.

Als ich eines Tages ärmer wurde, schwächer und machtloser, als plötzlich keine Zukunft mehr vor mir lag, wurde alles einfacher. Ich machte mein Herz voller Verzweiflung weit auf und verlangte glühender denn je nach Gott.

Da geschah das Wunder.
Alles wurde mir gegeben.
Nicht ich erkannte Gott,
sondern Gott ließ sich von mir erkennen.
Er offenbarte sich,
nicht als ein Gott zum Nachdenken
oder zum Angstbekommen,
sondern als ein Gott zum Liebhaben
und zum Glücklichsein.

Ich hatte Glück

Ich wurde gerufen und sollte geboren werden aus der Liebe von zwei Menschen, die einander treu blieben in guten und schlechten Tagen. Sie waren arm, aber glücklich trotz vieler Sorgen. Bei ihnen war es gut. Ich fand ein sicheres Zuhause und wohlige Geborgenheit.

Es war ein Segen, in einem Dorf geboren zu werden. Ich hatte keine Luxuswiege und keine komfortable Babyausstattung. Ich hatte die Brust meiner Mutter und eine Mutter, die sang. Ich hatte keine teuren Spielsachen, aber Eichhörnchen im Wald und kleine Kaninchen auf der Wiese. Ich hatte eine Schule und einen Lehrer, der uns mochte und uns darum auch mal eine Ohrfeige geben konnte. Ich bin vielen Menschen begegnet, und es waren gute, liebe Menschen, die in meinem Leben Wurzeln schlugen. Auch das habe ich erfahren als ein Geschenk Gottes.

Während meine Brüder ins Bergwerk gingen, konnte ich studieren und Ordenspriester werden. Ich machte mein Praktikum in Frankreich. Durch die Bewegung der Arbeiterpriester angezogen, konnte ich eine Zeitlang in einer Kriegsbaracke mitten unter Grubenarbeitern wohnen.

Als ich todkrank daniederlag, wurde ich von dem gastfreundlichsten Pfarrhaus der Welt aufgenommen, in einem kleinen verlorenen Dorf, wo zwei Engel mit unendlicher Geduld und liebevoller Sorge mich wieder zum Lachen brachten. Ich lag zwei Jahre lang im Bett. Eine Zeit der Stille im Schatten des Kreuzes. Eine lange Inkubationszeit, in der ich unbewusst mehr lernte als jahrelang zuvor aus Büchern. Die Ärzte verurteilten mich zu einem Wrack für das Leben. Ich war zu nichts mehr zu gebrauchen. Ein freier Mensch. Ich konnte tun, was ich gerne tat, und fand einen neuen Weg zu den Menschen, vor allem zu den armen, einsamen, vergessenen und aus der Bahn geworfenen Menschen.

Sie lehrten mich so viel, dass ich heute sagen darf: „Meine Universität waren diese Menschen, arme, einfache, gewöhnliche Menschen."

Ich hatte sehr viel Glück
Jetzt weiß ich:
Manche Dinge sehen aus
wie Katastrophen
und sind doch Gnaden.

Womit alles zu tun hat

Es sind in meinem Leben zahllose Menschen zu mir gekommen, die solches Glück nicht gehabt haben. Sie erzählten ihre Geschichte, und ich hörte zu. Eine schmerzliche Erfahrung für mich. Sie brachten immer viele Gründe vor, warum sie sich nicht wohlfühlten. Kein Zuhause, nirgends gerngesehen, keine Freundschaft. Die Ehe zerbrochen, keine Familie, kein Halt. Keiner, der sich um sie kümmerte. Sie fragten, wie ich glücklich sein kann.

Ich versuchte dann zu helfen, einen Weg zu zeigen, Verständnis spüren zu lassen, aber meistens fand ich nicht die richtigen Worte.

Ich weiß genau, dass es immer zu tun hat mit Liebe von Mensch zu Mensch, mit Geborgenheit, mit Vertrauen und Hingabe, mit Sich-selbst-Verlieren, mit Glaubenkönnen, mit Dingen, die nicht in Mode sind. Für mich hat alles zu tun mit Gott.

Frei sein

Ich habe ganz deutlich erfahren, dass Ängste und Sorgen umso kleiner werden, je mehr man in Gott geborgen ist. Solange man alle Hoffnung und sein ganzes Vertrauen auf Menschen und materielle Dinge setzt, die so leicht verletzt sind und so rasch vergehen, gibt man Ängsten und Sorgen nur neue Nahrung.

Als ich mich für „Gott allein" entschieden hatte, verloren viele Dinge ihre Wichtigkeit, die als lebensnotwendig angepriesen wurden.

Eine Umwertung der Werte kam in Gang. Alles geriet durcheinander, bis es die richtige Stelle einnahm. Ich begann, die Scheinwerte loszulassen. Dieses Loslassen war täglich ein neuer Anfang. Aber je mehr ich losließ, desto freier fühlte ich mich und desto mehr konnte ich alles genießen.

Mein zärtlicher Gott

Gott erfahren geht nicht so, dass er einem in den Arm kneifen würde. Es ist eine viel tiefere Wahrnehmung, ein ganz eigenes Gefühl, das man nicht beschreiben kann. Es ist eine Begegnung mit einem Wesen, das man nicht sieht, und doch spürt man seine Gegenwart, beinahe zum Greifen nahe, in dem tiefen Frieden und der unaussprechlichen Freude, die einen manchmal erfüllen.

Gott ist verliebt in mich

Ich fühle Gott. Ich sehe Gott.
Ich höre, wie Gott
über seine Liebe zu mir spricht
in jeder Blume,
die einfach so für mich blüht,
in jedem Baum, der Früchte trägt,
in jedem Vogel, der für mich singt.

Wenn ich durch die Lande gehe
und beim Frühling vorbeikomme,
dann fühle ich mich tief geliebt
in allem, was grünt und blüht,
in allem, was lebt und lacht,
in allem, was mir jedes Jahr neu
von der Erde gereicht wird
im paradiesischen Wunder der Natur.

Mit zärtlichen Händen streichelt er mich,
wenn er im Abendwind kommt,
das reife Korn in den Schlaf zu wiegen
und die Augen der Blumen zu schließen.
Im Klopfen meines Herzens spüre ich
den Rhythmus seiner Liebe,
höre ich seine sanfte Stimme.
In der Güte und Zuneigung von Menschen
fühle ich seine Liebe zu mir.
Gott ist verliebt, und alles ist Gabe.
Jede Gabe ist ein Wort Gottes,
mit dem er sagen will,
wie gern er mich hat.

Im Garten

An einem schönen Frühlingsmorgen
stand ich im Garten,
in meinem Kräutergarten.
Die Luft, die milde Sonne.
Der neue Tag.
Ich fühlte.
Das Wunder umgab mich.
Es durchströmte mich
Dankbarkeit über das Leben,
über alles Leben.
Ich sah die ersten Krokusse,
und ich wusste:
Gott streckt mir die Hände entgegen
voller Blumen.
Überall war Leben.
Leben war in der Luft.
Leben in der Erde.
Ich dachte: Der Ort,
auf dem du stehst, ist heilig.
Das Paradies ist
hier in der Nähe.

Hoffnungslos naiv?

Ich höre Menschen von ferne lachen.
Ich bin ein Träumer,
hoffnungslos naiv.
Meine Erfahrungen sind reine Fantasie.
Ich mache mir etwas vor.

Die Wissenschaft ist objektiv
und weiß alles.
Der Mensch ist ein „Ding",
ein seltsames Produkt
einer blinden Natur.
Das Weltall ist ohne Seele.
Die Sonne weiß nicht,
dass sie scheint,
und die Erde ist gefühllos.

Ich höre Menschen von ferne lachen.

Nichts ist ohne Sinn

Ich weiß, auch wenn ich es wissenschaftlich nicht beweisen kann, dass die Blumen nicht einfach blühen. Sie blühen zur Freude der Schmetterlinge, zur Schönheit der Erde und zur Freundschaft unter den Menschen.

Der Mond ist nicht einfach eine Art Straßenlaterne, sondern er steht am Himmel für den Traum der Menschen.

Die Amsel, die an meinem Fenster singt, hat eine Botschaft am Morgen, und der Regenbogen, der sich über den Himmel wölbt und an zwei Enden die Erde berührt, lässt mich an der Autobahn halten wegen des Wunders seiner Farben.

Äpfel hängen am Baum, dass Menschen sie pflücken, und der Schnee fällt in dicken Flocken vom Himmel, dass Kinder sich daran freuen.

In die ganze Natur
ist eine fantastische Liebe eingebaut.

Erwarte nicht von mir, dass ich das wissenschaftlich beweise. Dennoch weiß ich, es ist so. Wie könnte ich es sonst mit Millionen anderer Menschen erfahren?

Von Generation zu Generation ist es unauslöschlich so, dass Menschen träumen können und Erfahrungen machen, für die es keine Worte gibt.

Die Blüte eines Kaktus

Ich war sprachlos.
Ich konnte mich nicht satt sehen,
an der Pracht einer Blüte,
der Blüte eines Kaktus.
Ein ganzes Jahr lang
stand er mit seinen Stacheln
scheinbar zwecklos da,
spitzig, grantig, unberührbar.
So ließ ich ihn stehen,
er war eben ein Kaktus.
Bis auf einmal, im Mai,
aus seiner stacheligen Knolle
eine zarte Blüte herausschaute.
Lange stand ich davor,
selig und voller Bewunderung.
Es war, als ob sein ganzes Herz
mit einem Mal zum Vorschein kam,
voller Farbe und feinen Blättchen.
Noch ein paar Tage blühte er. Wunderbar.
Von wem und für wen
diese Aufmerksamkeit?

Verliebte Augenblicke

Gott begegnen ist keine intellektuelle Leistung Es ist eine Hingabe an das Leben, an den Ursprung allen Lebens.

Ich bin ihm begegnet. Manchmal kam er so nahe, dass ich ihn mit meinem Herzen sehen und fühlen konnte. Dann war ich begeistert.

Augenblicke von Verliebtheit. Es gab keine Grenzen mehr, keine Erde und keinen Himmel. Die Uhren tickten nicht mehr. Die Zeit stand still. Die ganze Welt stand still.

Ich wollte alles und jeden umarmen, weil ich Gott selbst umarmen wollte. Augenblicke von großer Sicherheit und von paradiesischem Glück. Sie dauerten meist nicht lang.

Aber ich konnte weiter. Die Öde der Wüste machte mir nichts mehr. Ich hatte die „Oase" erlebt.

Tägliche Wunder

Ich sage jeden Tag zu Gott: „Du bist wunderbar!" Je mehr ich das sage, desto mehr Wunder lässt er mich sehen.

Mein erster Gedanke, wenn ich aufwache, ist Dankbarkeit. Ich schaue nach draußen. Der ganze Schauplatz ist wieder da, die ganze schöne Bühne, auf der ich leben darf: die Luft, die Wolken, die Bäume, die Sträucher der Boden unter meinen Füßen, die Wege und das Land, die Blumen und die Vögel und so viel Sonne ...

Um mich herum sind die Wunder des Lebens, und das größte Wunder ist das Leben selbst. Ich habe gelernt, wie ein Kind zu staunen, und alles, was gut und schön ist, voller Freude zu bewundern. Erst wenn das Kind in mir stirbt, sterben alle meine Träume, und es gibt keine Wunder mehr.

Mein Traum

Wenn ich träume von einer Oase in der Wüste, träume ich von einem Stückchen Paradies, wo das Zusammensein der Menschen Freude und eine Wonne ist. Geld spielt keine Rolle mehr, und keiner will einen anderen beherrschen. Menschen sind liebevoll und gut, ohne sich klarzumachen, dass es so sein muss.

Es wird keiner betrogen. Es gibt keine Diebe mehr, aber niemand ist sich bewusst, dass es sich so gehört.

Die Menschen halten ihr Wort und wissen nicht, dass dies „Treue" bedeutet.

Sie teilen alles miteinander, ohne zu sagen, dass sie hilfsbereit sind.

Nichts wird groß aufgeschrieben, weil es keine Heldentaten gibt. Die sind gar nicht nötig, denn alles ist so normal, so selbstverständlich und natürlich, dass die Menschen selbst nicht wissen, dass sie in einer Oase sind.

Oase

Ich weiß, dass in der Oase alles am Wasser liegt und dass eine Wüste nur blühen und fruchtbar sein kann, wenn Wasser da ist. Ohne Wasser verdorrt alles, stirbt alles. Wenn du in der Wüste irgendwo Wasser findest, musst du ihm nachgehen, um die Quelle zu finden, die Oase.

Ich weiß, dass die Oase des Menschen in der Liebe liegt und dass Liebe der Ursprung ist von allen Oasen unter den Menschen, und ich glaube, dass Gott „Liebe" ist.

Wasser ist Leben. Liebe ist lebendiges Wasser. Wenn du in der Wüste des Lebens irgendwo Liebe findest, wahre Liebe, dann geh mit der Liebe mit, und du kommst zum Quell aller Liebe, zu Gott, der großen Oase für Zeit und Ewigkeit. Liebe ist lebendiges Wasser eine Urenergie, die alle menschlichen Wüsten fruchtbar machen kann.

Ich höre das Wasser in der Quelle singen. Ich höre das Lied vom lebendigen Wasser, wie es aufsteigt, wie es auf die Suche geht nach dürrem Land, nach Menschen in der Wüste, wie es sich seinen Weg bahnt, Bäche und Flüsse bildet.

Ich höre das Wasser jubeln und jauchzen über jedes Herz, das aufgeht, und über alle Menschen, die vom lebendigen Wasser trinken und trunken werden von Liebe. Es stehen Blumen an allen Ufern.

Ich sehe Früchte des Geistes: Freude, Frieden, Freundlichkeit, Güte, Sanftmut, Geduld, Liebe und Innerlichkeit. Früchte für eine neue Welt. Die Welt wird wieder bewohnbar.

Gott ist meine Oase

Gott ruft mich aus der Wüste heraus und will mir zu kosten geben die Wunder in seinem Garten, die Gaben des Herzens, die Früchte seines Geistes.

Er bittet mich, ein kleiner Wasserträger zu sein in einer großen Wüste.

Gott,
meine Oase.
Gott,
mein Vater
und meine Mutter

Wenn ich Gott „Vater" nenne, und ich tue es jeden Tag sehr gern, immer wenn ich das „Vater unser" bete, dann ist er für mich ein idealer Vater, der zugleich „Mutter" ist, und ebenso ist er für mich eine ideale Mutter, die zugleich „Vater" ist.

Gott ist ein wahres Zuhause,
wo ich Geborgenheit finde.

In Gott kannst du leben und dich bewegen. In Gott kannst du wohnen. In ihm kannst du tief atmen.

Alles ist frisch, alles neu. Du kannst ein- und ausgehen und Nahrung finden und lebendiges Wasser.

Du fühlst dich sicher. Du lebst nicht länger in der Leere. Du hängst nicht verzweifelt über dem Abgrund des Nichts.

Gott ist meine Oase. Das Übrige ist Fata Morgana.

Oasentage und Wüstentage

Wie sehr wir auch Gott als Oase erfahren haben: Solange wir Menschen auf Erden sind, gibt es Wüstentage. Wahre Oasentage sind eher selten. Häufiger erlebst du die Welt als eine Wüste. Leere, Dürre, Öde um dich herum. Verlassenheit.

Gott lässt dich los, liefert dich an deine Armseligkeit aus, an deine grenzenlose Ohnmacht. Raue Winde treffen dich.

Du möchtest ein Zuhause erreichen, irgendwo tiefe Geborgenheit finden.

Greif dann mit leeren Händen nach Gott. Bitte um lebendiges Wasser, um den Weg zur Quelle. Gott wird die Oase in deinem Herzen wachsen lassen bis zum Tag deines Todes, wenn du, von aller Wüste befreit, endgültig hineingehst in die ewige Oase, in Gott, der Liebe ist.

Alles loslassen

Gott kann nur dann eine Oase für dich sein, wenn du selbst die Voraussetzungen schaffst. Stille und ein großes Verlangen, Einfachheit und Selbstlosigkeit. Losgelöst und frei von allen unsinnigen Begierden. Um Gott nahe zu kommen, um in Gott hineinzugehen wie in eine Oase, musst du bereit sein, alles loszulassen.

Diese Bereitschaft muss ein Leben lang andauern. Es ist ein Lebensprozess, ein langsames Absterben von den Dingen, die dich mit tausend Fesseln gebunden halten. Niemals wirst du damit fertig. Du wirst oft fallen, aber dieses Fallen soll dich nicht entmutigen. Es bewahrt dich vor Überheblichkeit, und Selbstgefälligkeit, vor Hochmut und Arroganz.

Alles Loslassen soll nicht heißen, wir müssten allem Lebewohl sagen, die Augen und alle Sinne zumachen vor dem Schönen und dem Guten, vor den Überraschungen, den

Herrlichkeiten und dem Wunder dieser Welt. Gerade im Gegenteil. Loslassen lehrt besser und klarer sehen.

Wenn man an irgendeiner Stelle festsitzt, wird man beschränkt, und der Horizont verengt sich. Keiner kann mehr von der Erde genießen, als wer die Erde losgelassen hat und wie ein Schmetterling die Erde besucht.

Im Schatten der Liebe Gottes habe ich Verlieren gelernt, so verlieren, dass ich zum Schluss nichts mehr zu verlieren hatte. Danach sollte ich alles gewinnen. An jenem Tag wurde alles Gewinn.

Was ich am meisten gewann, war Lebensfreude, die Freude am Leben und die Freude an Gott, der mir alles gegeben hat.

Wie ein unbeholfener Esel

Gott kann auf krummen Zeilen gerade schreiben. Gott hat mich häufig gegen meine Vorstellungen auf Wege voller Risiko geführt, dass ich Dinge tun und in die Hand nehmen sollte, die mir zu schwer waren und die ich lieber anderen überlassen hätte.

Ich fühlte mich manchmal wie ein kleiner unbeholfener Esel, der an alle Steine auf dem Weg anstieß und schon dankbar war, wenn er es nicht zweimal am selben Stein tat. Ich bekam eine Narbe mit, in der meine Schwachheit und tiefe Armut geschrieben stand, als eine bleibende Erinnerung an meine vollständige Ohnmacht.

Jetzt weiß ich: Was ich in meinem Leben gut gemacht habe, hat Gott in mir getan, trotz meiner Schwäche. Aber er gab mir dabei so viel Freude, dass ich nur dankbar sein kann.

Berufung

Ich bin ein Ordenspriester. Bei der Priester-
weihe lag ich ausgestreckt auf der Erde und
fühlte mich klein und nichtig vor Gott und vor
dem Geheimnis Jesu, der menschgewordenen
Liebe. Auch jetzt, nach so vielen Jahren, be-
reue ich es nicht. Ich möchte wiederum so auf
der Erde liegen. Die Welt mag über mich hin-
weggehen und es bedauerlich finden, dass
Menschen sich vor Gott so tief erniedrigen
wollen. Aber man hat keine Ahnung von der
Tatsache, dass Gott den Menschen um so
höher stellt, je tiefer dieser sich erniedrigt.

   Zum Priester geweiht werden heißt sich
bis in die Wurzeln seiner Existenz Gott und
den Menschen weihen, heißt seinen Leib, sein
Herz, seinen Geist, seine Hände und Füße,
sein ganzes Wesen zur Verfügung stellen, um
Gottes Liebe sichtbar und spürbar zu machen.
Ebenso stark und manchmal noch stärker
können Laien von Gott ergriffen und ihm

hingegeben sein. Priester sind keine außerweltlichen, unnatürlichen Wesen, die entsakralisiert und entmythologisiert werden müssen, als ob sie halbe Götter oder heilige Gegenstände wären.

Priester sind Menschen, die in der Wüste des Lebens Gott gefunden haben und voller Begeisterung über diesen Fund ihre ganze Freude finden in einem Leben mit und für Gott. Ein Priester kann tief glücklich sein, denn in Gott werden ihm alle Menschen gegeben, um zu lieben und geliebt zu werden.

Ein Priester ist hundertprozentig Mensch mit allen menschlichen Grenzen, Schwachheiten, Fehlern und Sünden. Er ist einer von unzählig vielen ganz gewöhnlichen Menschen, nicht extra gebacken mit außergewöhnlichen Zutaten. Er trägt keinen Heiligenschein und ist nicht der Beste, nicht der Tugendhafteste und auch sonst nicht faltenfrei. Er ist kein Held, kein Heiliger, kein Gelehrter, kein Mächtiger, kein Reicher.

Ein Priester ist ein Mann der Güte, des Trostes, des Lichtes, des Friedens. Er ist der Freie, der Verfügbare. Gott hat ihn gewählt und gerufen. Ein Priester steht vor einem unmöglichen Auftrag. Aber er weiß, dass Gott mächtig ist in den Machtlosen, stark in den Schwachen und dass Gott nicht den sogenannten „Heiligen" hilft, sondern den schwachen Menschen, die alles von ihm erwarten.

Ein Priester ist nicht allein von und für Gott, er ist auch wesentlich von den Menschen und für die Menschen. Er ist nicht da, um zu urteilen und zu verurteilen. Er ist bei den Menschen die sichtbar gewordenen Milde, die spürbar gewordene Güte Gottes. Er geht mit den Menschen mit, mit denen es bergab geht, und soll versuchen, sein Herz auf der Höhe zu halten. Im Bewusstsein, dass er doch immer hinter dem Anspruch zurückbleiben wird, möchte er ein Wegweiser sein und Wege zu Gott zeigen. Für Menschen, die einen Weg suchen, will er ein Weg sein.

Wessen Glück?

Habe ich das Recht, glücklich zu sein, wenn ich täglich mit soviel Unrecht und Unfrieden konfrontiert werde, mit soviel Elend unter den Menschen? Eine Frage, die mich nicht loslässt. Ich fühle mich jedes Mal elend, wenn Menschen ihr Elend über mich ausschütten. Ich fühle mich jedes Mal machtlos, wenn ich eingetaucht werde in die grenzenlose Ohnmacht der Menschen, ein bisschen glücklich zu sein.

Wie kann ich helfen, wenn ich selbst in Elend und Machtlosigkeit versinke? Was für einen Sinn hat dann alles? Sind wir dann alle dazu verurteilt, unglücklich zu sein? Ist die ganze Schöpfung dann ein einziger Fehlgriff?

„Wenn ich die Menschen glücklich sehe bin ich am Ziel", sagt Gott. „Dies war der Sinn meiner Schöpfung: das Glück der Menschen. Und glückliche Menschen brauche ich, um andere glücklich zu machen."

Mein tiefstes Glück

Mein tiefster Wunsch ist, Menschen glücklich zu machen. Aber ich weiß und habe es oft genug erlebt: Wenn ich selbst festgefahren dasitze und schwere Sorgen habe, wenn auch bei mir alle Lichter ausgegangen sind, kann ich keinem Menschen mehr helfen.

Die Türen sind zugeschlagen. Es wird dunkel, es wird Nacht. Kein Licht mehr am Horizont. Ich stehe dann selbst unter den vielen ausweglos herumirrenden Menschen, ebenso entmutigt, enttäuscht, ebenso hoffnungslos.

Hände finden keine Hände mehr. Herzen finden kein Herz mehr.

Ich will glücklich sein, um andere glücklich zu machen. Ich will glücklich sein auf eine ganz einfache Weise, denn das Glück besteht aus vielen Teilen, und ein Teil ist immer zu kurz.

Das Glück, das mir fehlt,
ist das Glück der anderen.

Aber es besteht eine Wechselwirkung. Je mehr ich für andere tue und je mehr ich mich selbst gebe, desto freier und glücklicher fühle ich mich.

Wenn ich mich selbst vergesse, vergesse ich auch meine Sorgen, und wenn ich durch die Sorgen eines anderen wieder in meine eigenen Sorgen zurückfalle, sind diese immer viel kleiner geworden.

Kontakt mit Gott

Wenn ich in Gott bin, bete ich, was immer ich auch tue. Für mich ist „Beten" eine Frage von Liebe, Vertrauen und Hingabe, eine glaubende, beinahe blinde Hingabe an Gott, das unergründliche Wesen, in dem ich mich geborgen weiß. Ich fühle mich eingeholt vom magnetischen Feld eines unendlich lieben Gottes, der mich immer weiter an sich zieht.

So ist „Beten" etwas Selbstverständliches, etwas ganz Natürliches, eine Art Atemholen. „Beten" beginnt ganz tief im Menschen. Und darum denke ich, dass „Beten" etwas ganz Persönliches ist, so verschieden, wie Menschen verschieden sind.

Für jeden Menschen beginnt „Beten", meine ich, so: nach dem Grund suchen, aus dem man lebt, nach einem Wesen suchen, das größer ist als der Mensch. Das Suchen so vieler Menschen nach dem Sinn von allem, ist bereits eine Form von Beten.

Was ist Beten?

Beten ist: Mit deinem ganzen Wesen antworten auf das unergründliche Geheimnis einer Liebe, die nicht vergeht, die zu dir spricht in der ganzen Welt und durch alle Wunder um dich her.

Was ist Beten? Sich ansprechen lassen und Antwort geben, danken, sich freuen, fragen, klagen, schreien, schweigen, mitgehen, Ja sagen mit Worten, Zeichen, Taten und mit deinem ganzen Leben.

Ein Vogel ist ein Vogel,
wenn er fliegt.
Eine Blume ist eine Blume,
wenn sie blüht.
Ein Mensch ist ein Mensch,
wenn er betet.

Beten verändert

Beten ist kein Opium, kein Rest altmodischer Gepflogenheiten, nichts Automatisches: „Etwas in den Automaten hineinstecken, wählen, und du bekommst, was du gewählt hast."

Beten ist nicht fern vom Leben. Beten ist grundlegend, die grundlegende Tat deines Menschseins. Wer betet, kann leben, auch in dieser Zeit.

Beten verändert den Menschen. Wer betet, wird bescheidener, einfacher, liebevoller und fröhlicher. Wer nicht betet, ist wie eine Lampe, die keinen Strom mehr bekommt.

Beten ist gesund für Leib und Seele. Die Ruhe. Die Stille in deinen Gliedern. Die Stille in deinem Herzen. Es wird Platz gemacht und Raum geschaffen für die unsichtbare Welt, für kosmische Mächte.

Der Geist, der alles bewegt, der in dir schon da ist und wartet, bekommt neue Chancen.

Du wirst „Licht" erfahren und in dem Licht alles ganz anders sehen. Du wirst neu geschaffen werden. Beten ist eine Therapie. Eine Gebetskur kann Wunder wirken.

Beten

Jeden Tag
in einem Augenblick tiefer Stille
deine Antenne auf Gott richten.
Dieser Augenblick
kann und darf und muss
manchmal eine Stunde dauern.

Du brauchst Zeit,
um still zu werden.
Du brauchst Zeit,
um deine Antenne zu richten.
Du brauchst Zeit,
um dich selbst leer zu machen,
um zu hören.

Mystik

Gott, bring mich in die Stille,
in das tiefe Schweigen,
jenseits aller Worte und Gedanken,
jenseits aller Gefühle und Vorstellungen.

Mystik ist uns ins Herz geschrieben. Das Kontemplative liegt uns von Natur aus. Mystik ist ebenso natürlich wie unser Menschsein, doch wir lassen geschehen, dass alle Regungen in der Tiefe unseres Inneren werden verdrängt, bis sie abgestorben sind.

Von Wissenschaft und Technik übersättigt, haben wir heute begriffen, dass Fachwissen und Sachverstand den Menschen nicht klug und erfahren für das Leben machen.

Uns fehlt die Weisheit, die geboren wird, wenn Wissen und Liebe einander begegnen und sich gemeinsam auf den Weg machen. Uns fehlt Offenheit für Mystik.

Mystik ist ein normales, tief innerliches Bewusstsein, ein Erleben, das unser rationales Erkennen übersteigt, eine Erfahrung von Wirklichkeiten, die weit jenseits der sichtbaren, wahrnehmbaren Dinge liegen.

Mystik heißt eins werden wollen mit der ganzen Wirklichkeit, die Gott ist. Mystik hängt zusammen mit intensiver Liebe.

Lieben ist die reinste, die stärkste Form von Beten, von Gottverbundenheit. Liebe braucht keine Worte. Keine Fragen und keine Antworten. In tiefem Schweigen Gott verstehen.

So bete ich

So bete ich am Abend
und am Morgen.
Am Tag und in der Nacht.
So bete ich im Frühling
und im Herbst.
Im Sommer und im Winter.
So bete ich
mit meinen Händen und Füßen,
bewusst oder unbewusst,
wenn ich schlafe
oder wenn ich wach bin.

Gott, ich liege in deinen Armen.
Wenn ich sehe,
sehe ich dich.
Wenn ich fühle,
fühle ich dich.

Vater unser

„Herr, lehre uns beten", das bedeutet heute: Herr, bring uns wieder zum Leben. Befreie uns Geist und Herz. Lehre uns, wieder zu lieben.

Und der Herr wird antworten: Wenn du betest, sage: Vater unser."

Wer sagt: „Vater unser", knüpft eine Beziehung der Liebe zu den Mitmenschen und zu einem höheren Wesen.

Wer sagt: „Dein Reich komme", sehnt sich nach Frieden, nach einer friedlichen Welt, dass Gottes Liebe auf Erden spürbar wird.

Wer sagt: „Dein Wille geschehe", bindet sein eigenes inneres Vermögen an einen höheren, mächtigeren Strom, den Strom von Gottes Liebe, denn Gottes Wille ist Liebe.

Das „Vater unser" beten und leben kann dich selbst und die Welt verändern.

Warum ich?

Gott, warum nimmst du mich in deinen Dienst und vertraust mir so viele Menschen an?

Warum willst du durch mich und durch meine Worte Menschen trösten, ihnen einen Weg zeigen und Geborgenheit geben?

Du hast mir so viel in die Hand gelegt und kannst so wenig auf mich rechnen. Ich habe zwar viel versprochen, aber bin so oft dahinter zurückgeblieben.

Musste ich wirklich so arm und in meinen Augen so schwach und machtlos werden, um Klarheit zu bekommen, um schließlich einzusehen und zu bezeugen, dass alles Gute, was ich tue und je getan habe, einzig und allein von dir kommt?

Ich gehöre nicht den Menschen

Ich gehöre nicht den Menschen. Ich gehöre allein zu Gott. Gott allein hat alles in der Hand gehabt. Er schickte Menschen auf meinen Weg und gab ihnen seine Liebe, um mich zu lieben. Er gab ihnen seine Sorge, um für mich zu sorgen.

Ich musste den Weg zu den Menschen gehen, um seine Liebe weiterzugeben und um in seinem Namen Sorge zu tragen für alle, vor allem für die Kleinen, die Schwachen und Machtlosen, für die, die es mit dem Leben nicht schaffen.

Gott!

Wenn da Gerechte sind und Sünder,
lass mich dann
an der Seite der Sünder stehen,
weil ich ein Sünder bin.

Wenn da Arme sind und Reiche,
lass mich dann
an der Seite der Armen stehen,
weil die Armen
in deinen Augen so viel reicher sind.

Wenn da Mächtige sind und Machtlose,
lass mich dann
an der Seite der Machtlosen stehen.
Wenn da Gewaltige sind und Gewaltlose,
lass mich dann
an der Seite der Gewaltlosen stehen.

Wenn da Sieger sind und Verlierer,
lass mich dann
an der Seite der Verlierer stehen.
Wenn da Mörder sind und Opfer,
lass mich dann
an der Seite der Opfer stehen.

In deinem Haus

Lieber Gott,
in deinem Haus
werden die Ärmsten,
die Schwächsten,
die Geringsten
selig sein.

In deinem Land
werden die Letzten,
die Letzten
aus der letzten Reihe
die Ersten sein.

In deinem Reich
werden alle,
die in Liebe
ihr Leben verlieren,
es hundertfältig
wiederfinden.

Dein Reich komme

Gott, lass mich nicht mutlos werden. Wer in der Wüste den Mut verliert, kommt nicht mehr weiter und stirbt auf der Stelle.

Gott, dein Reich komme! Deine neue Erde, dein neuer Himmel, dein Himmel auf Erden, wo die Schwächsten auf Händen getragen werden, wo die Sonne aufgeht über dem lachenden Gesicht von Menschen, die einander verstehen, auch wenn sie andere Sprachen sprechen, auch wenn sie verschiedener Hautfarbe sind.

Dein Reich komme! Dein Reich, wo auch Andersdenkende zu Hause sind, wo es keine Linken und keine Rechten mehr gibt, wo keiner mehr gefoltert und umgebracht wird wegen seiner politischen Meinung, wegen seines Glaubens oder Unglaubens, wegen seiner Hautfarbe oder wegen gar nichts.

Dein Reich komme! Dein Reich der Liebe und Gerechtigkeit, das Frieden durch alle

Straßen fließen lässt, die Häuser mit Frieden und Freundschaft erfüllt und alle Leiden Trost finden lässt in liebevollen Händen. Dein Reich komme!

Dann wird nirgendwo mehr ein Kind in der Kälte geboren, nirgendwo mehr ein Mensch allein und in der Kälte sterben.

Ich höre Gottes Antwort:
„Mein Reich
liegt in eurer Hand!
Seid gut zueinander! Habt euch gern!
Liebt einander!"

Mein Trost

Gott ist gut zu mir. Er war manchmal in meinem Leben spürbar gegenwärtig. Er lehrte mich, wie ich mich für andere geben muss, ohne zu fragen, was dabei herauskommt, und auch wenn keiner danke sagt.

Er zeigte mir, wie er die Sonne scheinen lässt, auch wenn die Menschen sich im Schatten verkriechen. Er ließ mich die Bäume sehen, die ihre Früchte einfach so geben, ohne zu fragen, wer sie isst.

Er verwies mich an das Weizenkorn in der Mutter Erde, das sterben muss, ohne je die Ähre zu sehen.

Ich fühle, dass Gott mich liebt, heute und alle Tage meines Lebens. Er liebt mich, wenn ich lebe. Er liebt mich noch mehr, wenn ich sterbe, weil er mich dann endgültig in seine Arme schließt. Das ist mein Trost, mir kann nichts passieren.

Alles ist gut

Am letzten Tag meines Lebens, wenn die Sonne endgültig untergegangen ist und ich hineingehe in die Nacht des Todes, will ich sagen, auch wenn ich nicht mehr reden kann:

Alles ist gut. Alles ist jetzt in Ordnung. Ich bin nicht tot. Ich bin nur zum anderen Ufer. Das Leben verändert sich. Es wird weiter, voller und inniger, keine Einschränkung und Begrenzung mehr, keine Dunkelheit und Traurigkeit mehr. Nur der göttliche Lebensstrom, von dem ich zärtlich aufgenommen werde.

Alles wird „Licht". Alles wird „Liebe". Die Erde kann mir nichts mehr zu leide tun. In Gott sind alle Wünsche erfüllt. Ich kann nur dankbar sein. Mein Glück ist vollkommen.

Ich lebe. Ich bin im Frieden, wenn ich geborgen bin in den Armen eines unendlich lieben Gottes.

Mein letztes Gebet

Wenn ich müde bin
vom Weg zu den Sternen,
um den Menschen in der Nacht
ein bisschen Licht zu holen,
dann setze ich mich in die Stille,
und ich finde dich, mein Gott!
Dann lausche ich der Quelle,
und ich höre dich.
Ganz tief in mir selbst
und in allem, was um mich ist,
spüre ich ein großes Geheimnis.

Gott,
für mich bist du ganz nah,
für mich bist du da,
spürbar, greifbar gegenwärtig.
Gegenwärtig bist du in mir,
mehr als die Luft in meinen Lungen,
mehr als das Blut in meinen Adern.

Gott, mein Gott,
ich glaube an dich.
So wie der Blinde an die Sonne glaubt,
nicht weil er sie sieht,
sondern weil er sie spürt.

Lieber Gott,
in Jesus hast du mich spüren lassen,
wie viel du von mir hältst.
Wie sehr du mich liebst!
Deine Liebe zu mir hast du
in die ganze Natur gelegt
und in die Menschen, die um dich sind.
Du bist ein Gott der Liebe.

Mit tausend Händen streichelst du mich.
Mit tausend Lippen küsst du mich.
Mit tausend Früchten speist du mich.
Alles hast du mir gegeben,
alles, was ich habe, und alles was ich bin.
Auf tausend Flügeln trägst du mich.
Bei dir bin ich zu Hause
wie ein Kind.

Lieber Gott,

nicht zu fassen ist die Freude,

die ich so unverdient genießen darf.

In den Tagen der Angst und Not

lässt du mich erfahren,

was die Propheten

vor Jahrhunderten schon wussten,

dass du mich auf deinem Rücken trägst.

Mit zwei Händen hältst du mich fest.

In Tagen der Schwäche und Sünde

hinterlässt du immer

Heimweh in meinem Herzen

wie eine tiefe Wunde,

und sie wird erst heilen,

wenn mein Herz

wieder in deiner Hand liegt.

Gott, du hast mir ein Wort gesagt,

es macht mir alles klar,

es ist ein Trost, der nicht stirbt

und der mich niemals verlässt –

das eine Wort,

mir tief ins Herz gesprochen:

„Nicht ihr habt mich erwählt,
sondern ich habe euch erwählt."

Du hast mich zuerst geliebt.
Seit ich bin, hast du mich geliebt.
Mit unendlicher Geduld
hast du mich in deinem Dienst gehalten.
Ich bin ein kleines Stückchen Glas,
deine Liebe soll den Menschen
darin leuchten.
Ein Stückchen Glas,
so manches Mal vom Alltag verstaubt,
verdreckt von den Stürmen des Lebens.
Aber jedes Mal hast du es wieder
siebzig mal siebenmal rein gewaschen
im warmen Regen deiner Barmherzigkeit,
und du hast es zärtlich
in deine Sonne gelegt,
damit es leuchtender denn je
mitspielt im ewigen Spiel der Liebe
zwischen dir und den Menschen.
Gott, aus Scherben machst du
Spiegel deiner Liebe.

Lieber Gott,
alles hast du mir gegeben.
Gib mir noch eins:
ein dankbares Herz.

Inhaltsverzeichnis

Phil Bosmans im Verlag Herder

Leben jeden Tag
365 Vitamine für das Herz
ISBN 978-3-451-32142-9
Für jeden Tag des Jahres ein inspirierender Text von
Phil Bosmans.

Liebe wirkt täglich Wunder
978-3-451-29621-5
In diese Welt gehört mehr Herz! Phil Bosmans Vision
einer Welt mit menschlichem Gesicht.

Blumen des Glücks musst du selbst pflanzen
978-3-451-29623-9
Worte der Lebensweisheit, gelassen und zuversichtlich,
zärtlich und klar.

Ja zum Leben
978-3-451-29622-2
Phil Bosmans' Impuls, das Leben in die eigene Hand zu
nehmen und sich für andere zu öffnen.

Vitamine fürs Herz
Das große Lesebuch
ISBN 978-3-451-32802-2
Der große farbige Foto-Text-Band mit der Botschaft
des Herzens von Phil Bosmans.

HERDER

MENSCH, ICH HAB DICH GERN

Herder Spektrum Taschenbuch 7095
ISBN 978-3-451-07095-2
Die Texte von Phil Bosmans sind eine Liebeerklärung
an das Leben.

MEHR SONNE FÜRS HERZ!

ISBN 978-3-451-32376-8
Das Foto-Aufstellbuch mit Worten von Phil Bosmans,
Impulse für jeden Tag.

MIT ALLEN GUTEN WÜNSCHEN ZUM GEBURTSTAG

ISBN 978-3-451-32377-5

EIN FREUNDLICHER SONNENSTRAHL IN TAGEN DER KRANKHEIT

ISBN 978-3-451-32379-9

EIN ENGEL DES TROSTES IN ZEITEN DES ABSCHIEDS

ISBN 978-3-451-32381-2

DANKE SAGT MEIN HERZ FÜR ALLES GUTE

ISBN 978-3-451-32378-2
Vierfarbig gestaltete Geschenkbücher zu jedem Anlass
mit Worten von Phil Bosmans .

HERDER

Aus Liebe zum Leben

**Andrea Schwarz
Kleines Buch der
Lust am Leben**
160 Seiten
Paperback
ISBN:
978-3-451-07124-9

**Anselm Grün
Kleines Buch vom
inneren Einklang**
160 Seiten
Paperback
ISBN:
978-3-451-07130-0

**Phil Bosmans
Kleines Buch
vom guten Gott**
192 Seiten
Paperback
ISBN:
978-3-451-07126-3

Pierre Stutz
Kleines Buch vom
Kreis des Lebens
160 Seiten
Paperback
ISBN:
978-3-451-07125-6

Christa Spilling-Nöker
Kleines Buch der
Lebensfreude
160 Seiten
Paperback
ISBN:
978-3-451-07127-0

Bücher, die aus Liebe zum Leben geschrieben sind: Mit
Andrea Schwarz die Lust am Leben neu entdecken, mit
Anselm Grün zur inneren Balance finden, mit Phil Bos-
mans zum tiefsten Grund für das Vertrauen ins Leben
vorstoßen, sich mit Christa Spilling-Nöker auf die vielen
Quellen der Lebensfreude besinnen, mit Pierre Stutz den
Gang der Jahreszeiten als Weg zur inneren Mitte erleben.

www.herder.de

Herder spektrum Taschenbuch Band 7126

Neuausgabe von „Gott meine Oase"
Verlag Herder, GmbH, Freiburg im Breisgau 2006
Neu bearbeitet von Ulrich Sander

© Verlag Herder GmbH, Freiburg im Breisgau 2011
Alle Rechte vorbehalten
www.herder.de

Umschlagkonzeption und -gestaltung:
Agentur R · M · E Eschlbeck/Hanel/Gober
Umschlagmotive: © Mauritius Images/Designbüro
gestaltungssaal, Sabine Hanel
Satz: fgb · freiburger graphische betriebe
www.fgb.de
Herstellung: GGP Media GmbH, Pößneck

Gedruckt auf umweltfreundlichem,
chlorfrei gebleichtem Papier
Printed in Germany

ISBN 978-3-451-07126-3